그림으로 보는 삼국사기

김부식이 들려주는 우리 역사

⦿ **사진 제공**
144쪽-김생 글씨(국립중앙박물관), 168쪽-청동거울(국립경주박물관)

김부식이 들려주는 우리 역사
그림으로 보는 삼국사기 ④

개정판 1쇄 발행 2025년 1월 20일

글 김부식 | **엮음** 임지호 | **그림** 윤재홍

발행인 오형석
편집장 이미현 | **편집** 정은혜 | **디자인** 이희승
발행처 (주)계림북스
신고번호 제2012-000204호 | **등록일자** 2000년 5월 22일
주소 서울시 마포구 창전로 74 여촌빌딩 3층
대표전화 (02)7079-900 | **팩스** (02)7079-956
도서문의 (02)7079-913
홈페이지 www.kyelimbook.com

ⓒ계림북스, 2025
이 책에 실린 글과 그림, 사진의 무단 전재나 복제를 금합니다.

ISBN 978-89-533-3467-0 74900 | 978-89-533-3463-2(세트)

김부식이 들려주는 우리 역사

그림으로 보는 삼국사기

글 김부식 | 엮음 임지호 | 그림 윤재홍

4

계림북스
kyelimbooks

작가의 말

2천 년 전에 세워진 삼국의 역사가 생생하게 펼쳐집니다!

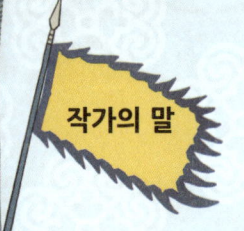

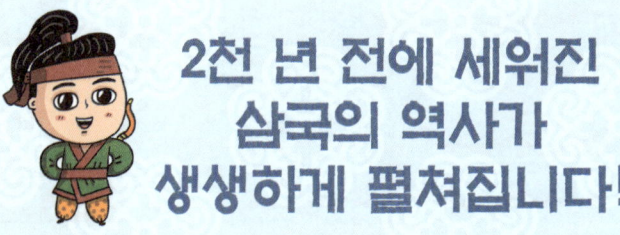

주몽, 김유신, 을지문덕, 을파소, 최치원 등 우리가 잘 알고 있는 이 인물들은 어떤 일을 했으며 어느 시대에 살았을까요? 광개토 대왕, 진흥왕, 성왕 등 사극에서 흔히 보았던 임금들은 실제로 어떤 업적을 남겼을까요? 이러한 질문에 명쾌하게 답을 주는 책이 바로 〈삼국사기〉예요.

〈삼국사기〉는 지금으로부터 약 2천 년 전 우리나라에 세워진 고구려, 백제, 신라에 대한 이야기를 담은 역사책이에요. 약 7백 년의 역사를 가진 고구려와 백제, 약 천 년의 역사를 가진 신라, 이 세 나라의 왕을 중심으로 여러 인물과 사건에 관한 기록이 담겨 있지요.

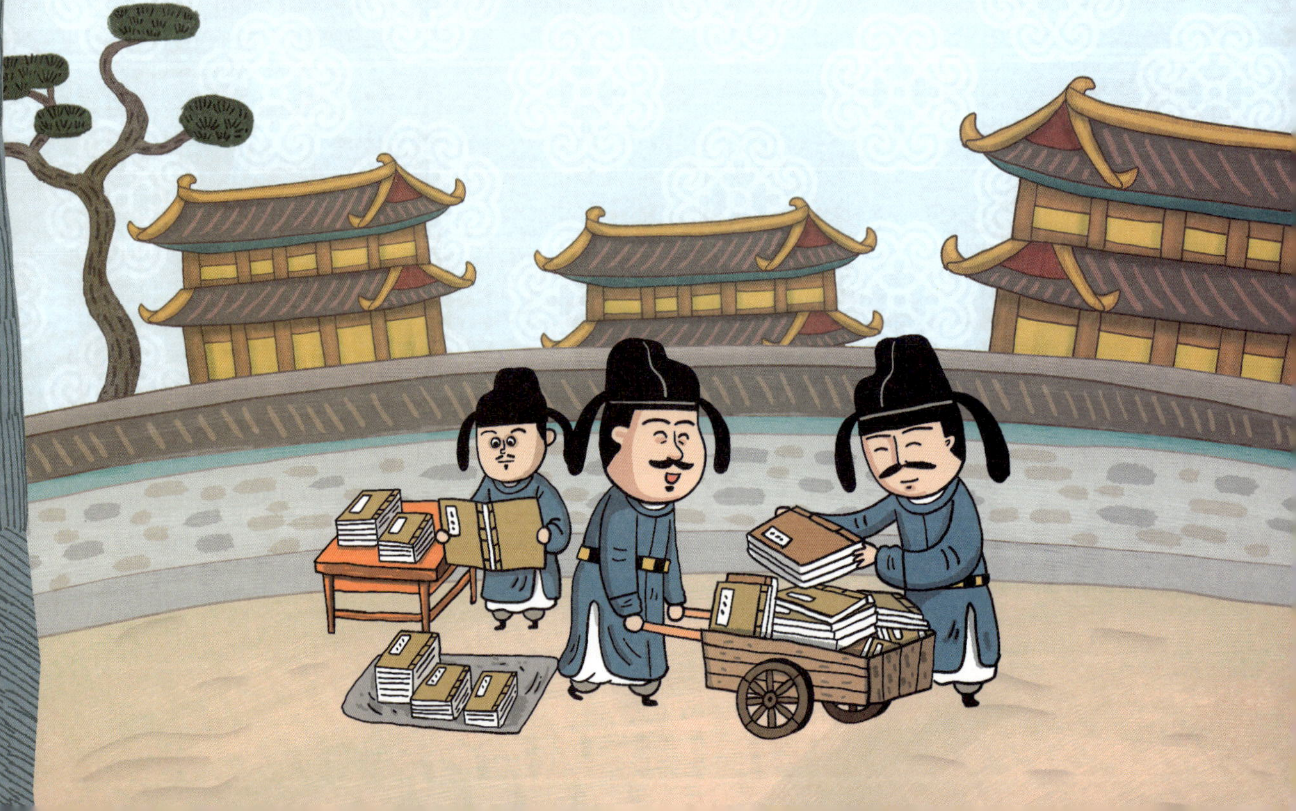

〈그림으로 보는 삼국사기〉에서는 김부식이 편찬한 〈삼국사기〉의 내용을 어린이들이 이해하기 쉽도록 핵심 내용들을 풀어 썼어요. 세 나라가 세워지고, 발전하고, 멸망하는 과정에서 등장하는 인물들, 즉 나라를 다스린 역대 임금들과 나라를 위해 싸운 영웅들, 올바른 정책으로 나라에 충성한 신하들과 부모에 효도한 효자들에 이르기까지 수많은 역사 속 인물의 이야기들이 재미있는 그림과 함께 생생하게 펼쳐져요. 그럼 삼국의 역사가 살아 숨 쉬는 〈그림으로 보는 삼국사기〉 속으로 떠나 볼까요?

엮은이 임지호

차례

삼국 통일을 이끈 명장 김유신

- **삼국 통일의 영웅, 김유신** ················· 12
  - 김서현과 만명 부인의 태몽
  - 삼국 통일의 비법을 얻었어요
  - 처음으로 나간 전투에서 승리했어요
  - 고구려로 떠나는 김춘추에게 맹세했어요
  - 보장왕이 김춘추를 협박했어요
  - 청포 300보와 토끼의 꾀로 전쟁을 피했어요
  - 가족을 그리워하며 연이어 전쟁터에 나갔어요
  - 떨어진 별을 다시 하늘로 올렸어요
  - 김춘추의 한을 풀어 주었어요
  - 적의 첩자를 이용했어요
  - 조미갑과 임자의 도움으로 백제를 멸망시켰어요
  - 김유신의 기도
  - 군량을 전달하기 위해 적국에 들어갔어요
  - 열기의 활약
  - 표하를 건너기 위한 특별 작전
  - 장군의 자세와 임무를 당부했어요
  - 음병들이 떠나갔어요

- **삼국사기 배움터** ················· 46
  김유신과 백석, 그리고 천관녀 이야기

- **김유신의 아들, 김원술** ················· 48
  - 신라가 석문 전투에서 패했어요
  - 김유신이 문무왕에게 아들을 처벌하라고 간청했어요
  - 어머니에게도 인정받지 못했어요

- **삼국사기 놀이터** 알맞은 길 찾기 ················· 54

나라를 빛낸 삼국의 장군들

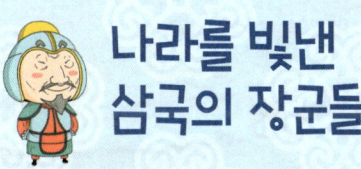

- **살수 대첩을 승리로 이끈 을지문덕** ·············· 58
  - 고구려와 수나라가 첫 전쟁을 치렀어요
  - 수나라 진영을 파악하기 위해 꾀를 냈어요
  - 수나라군의 내분과 고구려군의 거짓 패배
  - 우중문에게 시를 보냈어요
  - 살수 대첩에서 대승을 거두었어요

삼국사기 배움터 ························· 68
고구려는 어떻게 많은 전쟁에서 이길 수 있었을까?

- **약속을 지킨 장군, 거칠부** ············· 70
  - 귀족 출신의 승려가 되었어요
  - 혜량 법사와의 약속
- **한 번에 두 나라를 정복한 거도** ············· 74
  - 적을 방심하게 해 나라를 빼앗았어요
- **우산국을 정복한 이사부** ············· 76
  - 나무 사자로 우산국을 항복시켰어요
- **두 나라의 인재, 김인문** ············· 78
  - 당나라군의 부사령관이 되었어요
  - 나당 연합군이 백제를 멸망시켰어요
  - 나당 연합군이 고구려를 멸망시켰어요
  - 신라의 왕이 될 뻔했어요
  - 말년을 당나라에서 보냈어요
- **기회를 기다린 김양** ············· 88
  - 숨어서 좋은 기회가 오기를 기다렸어요
  - 김우징, 장보고와 함께 복수를 시작했어요
  - 민애왕을 없애고 신무왕을 왕위에 올렸어요
- **백제와 당나라에서 활약한 흑치상지** ············· 94
  - 백제의 부흥 운동을 이끌었어요
  - 당나라에서 벼슬을 지내다가 억울하게 죽었어요
  - 훌륭한 인품을 지녔어요
- **청해진 대사, 장보고** ············· 100
  - 청해에 군대 진지를 만들자고 했어요
  - 정년이 청해진으로 찾아왔어요
  - 반란 세력을 몰아내고 신무왕을 왕위에 올렸어요
- **끝까지 함께한 우정, 사다함** ············· 106
  - 능력을 채 펼치지 못하고 일찍 세상을 떠났어요

삼국사기 배움터 ························· 108
당나라의 신라인 거주 지역, 신라방

삼국사기 놀이터 알맞은 것끼리 연결하기 ·········· 110

학문과 예술을 사랑한 사람들

- **유학자이자 문장가, 강수** ········· 114
  - 특별한 외모를 가지고 태어났어요
  - 왕이 '강수'라는 이름을 지어 주었어요
  - 조강지처를 버리지 않았어요
  - 아버지보다 높은 관직을 받았어요
- **신문왕에게 화왕계를 전한 설총** ········· 122
  - 신문왕에게 화왕계를 들려주었어요
  - 장미와 할미꽃
  - 할미꽃의 가르침

삼국사기 배움터 ········· 128
불교 사상을 널리 퍼트린 원효와 의상

- **신라 말의 천재, 최치원** ········· 130
  - 당나라에 유학갔어요
  - 글로 황소를 놀라게 했어요
  - 신라로 돌아왔지만 신분의 벽은 여전히 높았어요
  - 꿈을 채 피우지 못한 비운의 천재
- **새로운 나라에서 일한 최승우와 최언위** ········· 138
  - 후백제와 고려에서 일했어요
- **많은 책을 지은 김대문** ········· 140
  - 통일 신라의 학자이자 저자였어요
- **방아 타령의 백결 선생** ········· 142
  - 거문고로 방아 찧는 소리를 연주했어요
- **신의 글씨, 김생** ········· 144
  - 신의 경지에 든 글씨
- **새들도 착각할 그림을 그린 솔거** ········· 146
  - 새들이 진짜 소나무로 착각했어요

삼국사기 배움터 ········· 148
일본에 삼국의 문화를 전한 사람들

삼국사기 놀이터 이름 쓰고 알맞은 물건 찾기 ········· 150

부모에 효도하고, 서로 사랑한 부부 이야기

- 온몸을 바쳐 부모를 봉양한 향덕 ·········· 154
  - 어머니의 종기를 입으로 빼냈어요
  - 넓적다리 살로 봉양했어요

- 살을 베어 어머니께 드린 성각 ·········· 158
  - 못 먹는 어머니를 위해 살을 베었어요

- 어머니를 위해 종이 된 효녀, 지은 ·········· 160
  - 부잣집에서 종살이를 했어요
  - 여러 사람이 지은을 도왔어요

삼국사기 배움터 ·········· 164
아이를 땅에 묻으려 한 손순

- 믿고 기다린 사랑, 설씨 아가씨 ·········· 166
  - 가실이 고민을 해결해 주었어요
  - 반쪽 거울을 신표로 삼아 결혼을 약속했어요
  - 다른 사람과 결혼하라는 아버지
  - 반쪽 거울을 던졌어요

- 왕의 협박을 이긴 도미 부부의 사랑 ·········· 174
  - 개루왕과 도미
  - 개루왕이 도미의 아내를 시험했어요
  - 도미는 눈이 멀고 아내는 후궁이 되었어요
  - 다시 만난 두 사람

삼국사기 놀이터 ·········· 182
순서대로 번호 쓰고 이야기 만들기

삼국사기 놀이터 정답 ·········· 184

〈부록〉 삼국사기 인물 카드 – 나는 누구일까?

열다섯 살에 신라의 화랑이 된 김유신은 서른다섯 살이 되어서야 첫 전투에 나갔어요. 처음으로 출전한 낭비성 전투에서 죽기를 각오하고 홀로 적진에 들어가 고구려군과 싸워 큰 공을 세웠지요. 낭비성 전투에서 자신의 이름을 확실하게 알린 김유신은 진평왕 때부터 문무왕 때까지 다섯 왕을 거치며 많은 업적을 남겨, 신라가 삼국을 통일하는 데 가장 중요한 역할을 했어요. 신라의 삼국 통일은 김유신이라는 명장이 있었기에 가능했지요.
지금부터 신라 명장 김유신이 어떤 업적을 남겼는지 알아보아요.

삼국 통일을 이끈 명장 김유신

삼국 통일의 영웅, 김유신

김서현과 만명 부인의 태몽

칠흑 같은 밤, 김서현은 두리번거리며 어두운 밤길을 헤매고 있었어요. 그때, 밤하늘에서 화성과 토성이 맹렬한 기세로 김서현을 향해 내려왔어요. 깜짝 놀라 피하려는데, 발이 땅에 찰싹 붙은 채 떼어지지가 않았어요. 화성과 토성이 김서현을 덮치려는 순간, 김서현은 자리에서 벌떡 일어났어요. 꿈이었어요. 며칠 뒤, 그의 아내 만명 부인은 금 갑옷을 입은 아기가 구름을 타고 집으로 들어오는 꿈을 꾸었어요.

삼국 통일을 이끈 명장 김유신

그 후 진평왕 때인 595년, 이들 부부 사이에서 아기가 태어났어요. 아기의 할아버지 김무력은 금관가야의 마지막 왕인 구형왕의 셋째 아들이에요. 김무력은 신라 진흥왕 때 한강 지역을 차지하는 데 큰 공을 세워, 신라 최고 관등인 각간에 올랐어요. 아기의 아버지 김서현 역시 세 번째로 높은 관등인 잡찬에 올랐고요.

김서현은 자신이 '경진일' 밤에 꿈을 꾸어 아들을 낳았다고 해서 '경(庚)' 자와 한자가 비슷한 '유(庾)', '진(辰)' 자와 소리가 비슷한 '신(信)'을 아들의 이름으로 지었어요. 이 아기가 김유신이에요.

삼국 통일의 비법을 얻었어요

김유신은 열다섯 살 때 화랑이 되었어요. 김유신을 따르는 낭도들은 수백 명이었어요. 사람들은 김유신의 낭도들을 '용화향도'라고 불렀어요. 용화향도란 불교에서 쓰는 말로, 미륵을 따르는 무리라는 뜻이에요.

열일곱 살 때 김유신은 중악산 석굴에 들어갔어요. 전장에 나가고 싶었던 그는 고구려, 말갈, 백제의 침략을 물리치기 위해 힘을 달라고 빌었지요.

나흘째 되던 날, 한 스님이 나타났어요. 김유신은 스님에게 절을 한 다음 적국을 물리칠 방법을 가르쳐 달라며 간청했어요.
김유신의 간청이 통했는지, 스님은 삼국을 통일할 비법을 알려 주었어요. 아무에게도 알리지 말고, 오직 옳은 일에만 사용할 것을 당부하며 스님은 홀연히 사라졌지요.
김유신은 스님에게서 받은 비법을 가슴속에 간직한 채 통일의 꿈을 키웠어요.

처음으로 나간 전투에서 승리했어요

이듬해 열여덟 살 때는 신라가 백제의 공격으로 어려움에 처하자, 자신의 칼을 갖고 열박산 깊은 골짜기에 들어가 기도를 했어요.

"하늘이시여, 제 칼에 신령한 기운을 내려 주소서!"

그러자 사흘째 되던 날, 하늘의 별빛이 김유신의 칼을 비추었어요.

하지만 김유신에게는 좀처럼 전장에 나갈 기회가 오지 않았어요. 신라인이 아니라 신라에 항복한 가야 출신이기 때문이기도 했지요.

삼국 통일을 이끈 명장 김유신

629년, 서른다섯 살이 된 김유신에게 마침내 기회가 찾아왔어요. 부대장이 되어 아버지 김서현과 함께 낭비성 전투에 나서게 된 것이에요. 처음에는 신라군이 고구려군에게 져서 사기가 많이 떨어졌어요. 그러자 김유신은 아버지에게 말했어요.
"제가 직접 적장의 목을 베어 오겠습니다."
그러고는 긴 칼을 휘두르며 적진으로 쳐들어가 고구려 장군의 목을 베고 돌아왔어요. 이후 신라군은 사기가 크게 올라 마침내 큰 승리를 거두었어요.

고구려로 떠나는 김춘추에게 맹세했어요

642년, 선덕 여왕 때 백제군의 공격으로 신라 대야성이 함락되었어요. 이 전투에서 김춘추의 딸 고타소랑과 사위 김품석이 죽었어요. 김춘추는 슬픔과 분노로 백제에 원한이 맺혔지만, 신라군만으로는 기세등등한 백제군을 이기기 어려웠지요. 김춘추는 고구려에 도움을 청하기로 했어요. 고구려로 떠나기 전날, 김춘추는 조용히 김유신을 만났어요.
"유신 공은 내가 고구려에서 죽거나 다친다면 어떡하시겠습니까?"
그러자 김유신이 말했어요.

삼국 통일을 이끈 명장 김유신

"춘추 공께서 돌아오지 않는다면 죽기를 각오하고 고구려와 백제 두 나라를 반드시 없애겠습니다."

크게 감격한 김춘추는 김유신과 손가락을 깨물어 피를 마시며 맹세했어요.

"제가 고구려에 가서 60일이 지나도 돌아오지 않으면 우린 다시 보기 어려울 것 같습니다."

김춘추는 김유신과 헤어지고 다음날 고구려로 떠났어요.

춘추 공이 떠난 날부터 딱 60일까지만 기다리겠습니다.

보장왕이 김춘추를 협박했어요

고구려로 출발한 김춘추가 국경 근처 마을에 이르자, 두사지라는 관리가 김춘추에게 청포★ 300보를 선물로 주었어요. 김춘추는 고맙다고 인사한 후, 길을 재촉해 고구려에 도착했어요. 그리고 다음 날 보장왕을 만났지요. 김춘추는 보장왕에게 백제군을 칠 병력을 빌려 달라고 부탁했어요. 그런데 보장왕은 병력은커녕 땅을 내놓으라고 엄포를 놓았어요.

★**청포** 푸른 빛깔의 베를 말해요. 청포 300보는 약 430미터예요.

"마목현과 죽령은 원래 고구려 땅이었다. 만약 돌려주지 않는다면 넌 너희 나라로 돌아갈 수 없다."

김춘추가 자신이 할 수 없는 일이라며 거절하자, 보장왕은 김춘추를 가두어 버렸어요. 김춘추는 애가 탔지만 어찌할 도리가 없었지요.

시간은 점점 흘러 김유신과 약속한 60일이 다가오고 있었어요. 그때 마침 김춘추는 두사지가 선물한 청포 300보가 생각났어요.

청포 300보와 토끼의 꾀로 전쟁을 피했어요

김춘추는 고구려 관리 선도해에게 청포 300보를 몰래 선물로 주었어요. 그러자 선도해는 술과 안주를 들고 김춘추를 찾아 감옥에 와서는 조용히 '토끼와 거북' 이야기를 했어요.

"용왕의 딸이 병에 걸렸는데 토끼의 간을 먹으면 낫는다는 말에, 신하 거북이 토끼를 만나 꾀어 바닷속 용궁으로 데려왔지요. 그런데 토끼 역시 자신의 간을 꺼내 뭍에 두었다고 속여 용궁을 탈출했다고 합니다."

신라가 고구려를 치기 전에 막아야 해!

김춘추는 선도해의 이야기를 듣더니 눈이 번쩍 뜨였어요. 그리고 다음 날 보장왕을 만나 자신이 신라로 돌아가면 그 땅을 돌려주겠다고 말했어요. 하지만 보장왕은 기뻐하면서도 김춘추를 풀어 주지는 않았어요.
김춘추가 60일이 지나도 돌아오지 않자, 김유신은 군사 3천 명을 모아 고구려를 공격할 준비를 했어요. 그러자 고구려 첩자가 이 상황을 보장왕에게 전했어요. 보장왕은 일이 커질까 봐, 봐주는 척 땅을 돌려받기로 하고 김춘추를 풀어 주었지요. 마침내 신라로 돌아온 김춘추는 같이 온 고구려 사람에게, 미안하지만 땅은 돌려줄 수 없다고 말했어요.

가족을 그리워하며 연이어 전쟁터에 나갔어요

김유신이 쉰 살이 되던 해, 유난히 백제군과 싸움이 잦았어요. 상장군★ 김유신은 군사들을 이끌고 백제의 일곱 성을 공격해 승리를 거두었어요. 왕궁으로 돌아오는 길에 백제군이 신라의 매리포성을 공격했다는 소식이 들려오자, 김유신은 또다시 백제군과 싸워 크게 승리했지요.

★**상장군** 신라에서 대장군 바로 아래의 무관 벼슬이에요.

삼국 통일을 이끈 명장 김유신

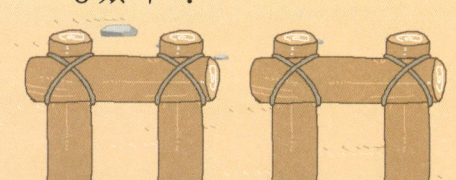

마침내 전투가 끝나고 6개월 만에 집으로 돌아가려는데, 백제군이 침략할 준비를 한다는 소식에 또 출전 명령이 떨어졌어요.
김유신이 다시 전장으로 떠나려는데 멀리서 집안사람이 모두 나와 김유신을 기다리고 있었어요. 하지만 김유신은 집을 그냥 지나쳤어요. 그리고 한 50보쯤 가다가 멈춰 서고는, 사람을 시켜 집에서 마실 물을 떠오게 하더니 이렇게 말했어요.
"우리 집 물맛은 여전하구나!"
김유신은 이렇게나마 가족을 향한 애틋한 마음을 남긴 채, 전장으로 향했어요.

떨어진 별을 다시 하늘로 올렸어요

647년, 신라의 상대등 비담은 선덕 여왕이 나라를 잘 다스리지 못한다며 염종과 함께 군사들을 이끌고 선덕 여왕을 왕위에서 끌어내리려 했어요. 왕의 군대는 월성에, 비담의 군대는 명활성에 진을 치고 10여 일을 싸웠지요. 그러다 한밤중에 큰 별이 월성에 떨어지자, 비담이 군사들에게 말했어요.
"저 별을 봐라. 별이 떨어졌으니 우리가 이겼다. 왕은 죽을 것이다!"
이 말에 비담의 군사들은 환호성을 지른 반면, 왕의 군사들은 사기가 꺾였지요.

삼국 통일을 이끈 명장 김유신

그러자 김유신은 왕의 군사들을 다독이는 한편, 허수아비에 불을 붙여 연에 실어 하늘로 올려 보냈어요. 이 모습은 마치 별이 하늘로 올라가는 것 같았어요. 그러고는 군사들에게 '별이 다시 하늘로 올라갔고, 왕은 잘 계시다.'라고 소문을 퍼뜨렸어요. 덕분에 군사들의 사기가 높아져 비담의 군대를 물리칠 수 있었지요.

비담과 염종의 반란군은 달아나다 죽임을 당했고, 이들의 친족은 사형을 당했어요. 그런데 반란 도중에 선덕 여왕 역시 죽고 진덕 여왕이 그 뒤를 이었어요.

김춘추의 한을 풀어 주었어요

648년, 김유신은 김춘추가 가끔 먼 하늘을 바라보며 한숨을 내쉬는 것을 보았어요. 6년 전 백제군과 치렀던 대야성 전투에서 딸 고타소랑과 사위 김품석이 죽은 것 때문이었지요. 대야성은 신라에게도 중요한 곳이었는데, 전투에서 패한 뒤 백제 땅이 되었어요. 김유신은 신라를 위해서, 그리고 김춘추를 위해서 대야성을 반드시 손에 넣겠다고 결심했어요.

삼국 통일을 이끈 명장 김유신

압량주 군주 김유신은 군사들의 사기가 오른 것을 보고 진덕 여왕에게
대야성을 공격하겠다고 했어요. 김유신과 신라군은 백제군과 싸워 이겨
백제 장군 여덟 명 등 천여 명을 사로잡았어요. 그러고는 김품석과
고타소랑의 유골과 백제 장군 여덟 명을 교환했어요.
대야성 패배 6년 만에 김유신은 백제에 복수함과 동시에 김춘추의
원한을 풀어 주었지요.

적의 첩자를 이용했어요

대야성 전투에서 신라는 백제에 승리를 거두었지만, 백제의 공격은 끊이지 않았어요. 649년 초가을에 백제 장군 은상이 이끄는 백제군과 김유신이 이끄는 신라군은 도살성 근처에서 열흘 넘게 우열을 가릴 수 없는 치열한 전투를 벌였어요. 전사한 두 나라의 군사들이 들판을 가득 메울 정도였지요. 김유신은 가슴이 아팠지만, 그렇다고 후퇴할 수도 없었어요. 김유신은 고민에 빠졌어요.

'어떻게 해야 빨리 승리할 수 있을까?'

문득 좋은 생각이 떠오른 김유신은 이튿날, 장수와 군사들을 불러 모아 말했어요.

"오늘 방어를 잘해라. 내일 지원군이 도착하면 대반격을 펼칠 것이다."

신라군 안에 백제 첩자가 있을 것이라 생각하고 거짓 소문을 낸 것이지요. 김유신의 예상대로 백제 첩자가 은상에게 그대로 전했어요. 백제군은 신라군 병력이 늘어난다고 하자, 두려움에 빠져 우왕좌왕했어요. 그러는 사이에 신라군이 백제군 진영을 급습했고, 혼란에 빠진 백제군은 힘 한번 쓰지 못하고 맥없이 지고 말았어요.

조미갑과 임자의 도움으로 백제를 멸망시켰어요

어느 날, 조미갑이라는 사람이 은밀히 김유신을 찾아왔어요. 조미갑은 예전에 신라의 현령이었는데, 백제에 잡혀가 임자라는 백제 좌평의 노비가 되었다고 자신을 소개했어요. 열심히 일한 덕에 임자의 믿음을 사, 이제는 자유롭게 다닐 수 있다고도 했지요.

조미갑이 김유신에게 백제의 왕실과 신하들이 지금 어떠한지를 말해 주자, 이에 김유신은 조미갑을 통해 임자에게 자신의 말을 전했어요.

"나라의 미래는 알 수 없습니다. 백제가 망하면 그대는 나에게 의지하고, 신라가 망하면 내가 그대에게 의지하겠소."

며칠을 고민하던 임자는 김유신의 뜻에 따르겠다고 했어요. 그리고는 백제의 사정에 대해 모두 다 이야기해 주었어요. 조미갑을 통해 임자의 이야기를 들은 김유신은 백제를 멸망시킬 계획을 세웠어요.

660년, 마침내 신라는 당나라와 함께 백제를 멸망시켰어요. 이때 김유신의 나이가 예순여섯 살이었어요.

김유신의 기도

신라 제29대 임금인 태종 무열왕은 661년, 백제 멸망 후 남은 세력들을 물리치기 위해 여러 장군과 군사들을 옛 백제 지역으로 보냈어요. 그러자 이 기회를 틈타 고구려군과 말갈군이 바다와 육지로 한꺼번에 밀고 들어와 신라의 북한산성을 공격했어요. 신라의 핵심 병력이 모두 백제 정벌을 떠났다고 생각한 것이지요.

삼국 통일을 이끈 명장 김유신

북한산성을 포위하고 진을 친 고구려군과 말갈군은 10여 일 동안 성을 공격했어요. 성안에 있던 신라 사람들은 두려움에 떨었어요.
이때 북한산성과 멀리 떨어진 곳에 있던 김유신이 이 소식을 듣고는 절에 가서 단을 쌓고 기도를 올렸어요. 그러자 갑자기 하늘에서 커다란 별이 고구려와 말갈군 진영에 떨어지고 천둥, 번개와 함께 비가 쏟아졌어요. 놀란 적군은 두려워하며 포위를 풀고 달아났지요. 사람들은 이 일을 두고 김유신의 기도에 하늘이 감동한 것이라고 여겼어요.

군량을 전달하기 위해 적국에 들어갔어요

661년, 당나라 장군 소정방이 고구려와 싸우는데 군량이 떨어졌다면서 신라에 군량 지원을 요청했어요. 하지만 추운 날씨에다 전쟁 중인 고구려 땅에 들어가야 했기에 신하들이 불가능하다며 반대했어요.

"신이 당나라 군대에 식량을 전하겠습니다."

김유신이 나서자, 문무왕은 김유신의 손을 잡고 눈물을 흘렸어요. 당나라가 고구려를 공격하는 게 신라에게도 도움이 되었기에 선뜻 나서는 김유신에게 고마웠던 것이지요.

662년, 한겨울에 김유신은 김인문, 김양도 등 아홉 명의 장군과 함께 군량을 실은 수레와 군사를 이끌고 고구려 국경 근처 칠중하에 들어섰어요.
다들 고구려로 들어서는 것을 두려워하자, 김유신이 배에 올라 타며 군사들에게 말했어요.
"죽음이 두렵다면 어찌 이곳에 왔는가?"
김유신의 말에 군사들이 줄지어 강을 건너기 시작했어요.

열기의 활약

"내가 두려워하지 않는 것은 나라의
원수를 갚기 위함이다. 일찍이 고구려는 우리
백성을 잡아가고 죽이기까지 했다. 적을 무서워하지
않는다면 한 사람이 능히 백 명을 이길 수 있을 것이다!"

고구려 땅에 들어온 신라군은 김유신의 말에 사기가 올라 북을 치며
행군했어요. 가는 길에 고구려군과 싸워 모두 이긴 신라군은 갑옷과 무기를
빼앗았어요. 하지만 고구려의 매서운 겨울 추위와 험한 지형 때문에
군사들은 곧 지쳐 쓰러졌지요.

김유신은 추위에 아랑곳하지 않고 군사들을 북돋우며 앞으로 나아갔어요.
그리고 마침내 당나라 진영과 멀지 않은 곳에 도착했어요.

김유신은 신라군의 도착 소식을 빨리 소정방에게 알리기 위해 젊을 때부터 자신을 따르던 보기감* 열기를 불러 말했어요.

"고구려군을 뚫고 소정방 장군에게 가서 우리가 도착한 것을 알려 주겠나?"

그러자 열기가 말했어요.

"장군의 명을 제가 어찌 따르지 않겠습니까?"

열기는 동료 구근과 빠르고 용기 있는 군사 열다섯 명과 함께 말을 힘껏 내달려 곳곳에 있는 고구려군을 피해 당나라 진영에 도착했어요. 그리고 소정방을 만나 신라군이 근처에 도착했다고 알리자, 소정방은 매우 기뻐하며 고마워했어요.

★**보기감** 보병과 기병을 담당하는 부대의 부지휘관을 말해요.

표하를 건너기 위한 특별 작전

식량은 무사히 당나라군에 전달되었지만, 당나라군이 자기 나라로 돌아가는 바람에 신라군도 곧바로 돌아가야 했어요. 김유신은 신라로 돌아가는 길도 만만치 않다는 것을 알았어요. 고구려군과의 한바탕 싸움은 불을 보듯 뻔했지요.

김유신은 북과 북채를 소의 허리와 꼬리에 매달아 시끄럽게 하고 땔감용 풀을 모아 연기와 불을 가득 피워 신라군을 잘 안 보이게 해, 고구려군에게 혼란을 주었어요.

혼란을 틈타 한밤중에 표하에 도착한 신라군은 곧바로 강을 넘으려고 했어요. 하지만 고구려군은 신라군을 끝까지 추격해 왔어요. 고구려군이 강을 건너가는 신라군의 뒤를 막 잡으려는 찰나, 먼저 건너간 김유신이 앞서 간 군사들을 정비해 수많은 화살을 쏘아 고구려군을 물리쳤어요. 마침내 신라군은 무사히 돌아올 수 있었어요.

★**표하** 임진강의 한 줄기예요.

장군의 자세와 임무를 당부했어요

668년, 당나라와 신라는 연합해서 고구려를 공격했어요. 김유신은 고구려의 멸망을 직접 지켜보고 싶었지만, 나이와 병 때문에 문무왕이 허락하지 않았어요. 문무왕은 김유신의 동생 김흠순에게 신라군을 이끌도록 했지요. 고구려와의 전쟁에 앞서, 김흠순은 김유신을 찾아가 장군의 자세와 임무는 어떠해야 하는지 물었어요. 그러자 김유신이 말했어요.

삼국 통일을 이끈 명장 김유신

"장군은 나라의 방패, 임금의 손톱과 어금니가 되어 전쟁터에서 승부를 내야
하네. 하늘의 도리와 땅의 이치를 깨닫고 사람들의 마음을 얻어야 하지.
교만과 속임수 때문에 백제가 망했고 고구려는 위태로워졌어. 그러니
부지런히 노력해 잘못되는 일이 없도록 최선을 다하게."
고구려를 멸망시킨 후 문무왕은 삼국 통일에 큰 공을 세운 김유신에게
이전에 없었던 최고 자리인 태대각간이라는 벼슬을 내렸어요. 그리고
김유신이 궁궐에 편하게 오갈 수 있도록 수레와 지팡이도 내려 주었지요.

★**태대각간** 특별한 공로가 있는 경우, 신라의 17관등 중에 가장 높은 관등인 각간 위에 대각간, 그 위에
태대각간 벼슬을 내렸어요. 김유신, 김인문 등이 이 벼슬을 받았어요.

음병들이 떠나갔어요

673년, 김유신이 일흔아홉 살이 되던 해에 유성이 떨어지고 지진이 일어나자 문무왕은 나라에 무슨 일이 일어날까 걱정했어요.

얼마 후 김유신은 병으로 자리에 누웠어요. 그런데 군복을 입고 무기를 든 수십 명의 군사가 울면서 김유신의 집을 떠나가는 모습을 사람들이 보았어요. 그중 한 명이 김유신에게 이를 알리자 김유신이 말했어요.

"나를 지키는 음병들이 떠난 모양일세. 조만간 죽을 것 같네."

★**음병** 신령스러운 군사들을 말해요.

김유신이 병에 걸렸다는 소식에 문무왕이 병문안을 왔어요. 김유신은 문무왕에게 마지막으로 당부하는 말을 했어요.

"성공하는 것도 어렵고, 그것을 지키는 것 역시 어렵습니다. 부디 소인배를 멀리하시고 군자를 가까이 하시어, 조정을 화목하게 하고 백성을 편안하게 하시옵소서."

김유신은 이해 음력 7월 1일에 세상을 떠났어요. 훗날 신라의 제42대 임금 흥덕왕은 김유신의 공적을 기려 그를 '흥무대왕'으로 높여 주었답니다.

삼국사기 배움터

김유신과 백석, 그리고 천관녀 이야기

김유신에 관한 여러 이야기는 《삼국사기》 외에 다른 책에도 실려 있어요. 그중에 《삼국유사》에는 고구려 간첩 백석에게 속을 뻔한 이야기가 실려 있지요.
김유신이 화랑일 때, 낭도 백석이 김유신에게 고구려를 염탐하자고 했어요. 함께 길을 가다가 골화천에서 잠시 쉬고 있는데, 웬 세 여자가 나타나 할 말이 있다며 김유신을 숲으로 데려갔어요. 그런데 세 여자가 호국신으로 변하더니, 지금 적국 사람에게 속고 있다고 말하고는 사라졌어요. 김유신은 백석에게 집에 두고 온 게 있다며 다시 신라로 돌아간 다음, 백석을 붙잡았지요.

고려 때 이인로가 쓴 〈파한집〉에는 김유신과 천관녀의 이야기가 기록되어 있어요. 김유신이 젊을 때였어요. 친구들과 어울려 술 마시는 것을 즐기는 김유신에게 어머니 만명 부인이 이제 나라와 부모를 위해 일해야 하지 않겠느냐며 눈물로 호소했어요. 김유신도 그렇게 하겠다고 약속했지요.

그러던 어느 날, 김유신이 술에 취해 말을 타고 가는데 예전에 자주 가던 술집 앞이었어요. 거기엔 김유신이 사랑하는 천관녀가 있었어요. 천관녀를 보고 싶었지만, 김유신은 어머니와의 약속을 기억하고는 자신을 천관녀에게 데려 온 말의 목을 베고 집으로 돌아갔어요.

말이 나의 마음을 알아챘구나. 미안하지만 어쩔 수 없다.

김유신의 아들, 김원술

신라가 석문 전투에서 패했어요

문무왕 때인 672년, 신라가 백제의 옛 땅을 차지하자 당나라 고종은 화를 내며 신라를 공격하라고 명령했어요. 당나라는 백제뿐 아니라 신라와 고구려까지 지배하려는 욕심을 갖고 있었지요. 결국 4만여 명의 당나라군과 신라군이 석문에서 전쟁을 치렀어요. 이때 김유신의 둘째 아들 김원술도 이 전투에 부대장으로 출전했어요.

삼국 통일을 이끈 명장 김유신

먼저 신라의 장창 부대가 다른 곳에 진을 치고 있다가 당나라군 3천 명을 사로잡은 전공을 올렸어요. 그러자 신라 진영의 다른 부대에서 시기 섞인 말이 새어 나왔어요.

"장창 부대가 전공을 세웠으니 우리도 흩어져 전공을 세우자!"

신라군은 전공을 세울 욕심으로 뿔뿔이 흩어졌어요. 당나라군은 이때를 기회로 삼아 신라군을 공격해 큰 승리를 거두었지요. 석문 전투의 패배로 신라는 많은 군사를 잃었어요.

★**석문** 지금의 황해도 서흥 일대를 가리켜요.
★**장창 부대** 긴 창을 무기로 사용하는 부대를 말해요.
★**전공** 전투에서 싸워 세운 공로를 말해요.

김유신이 문무왕에게 아들을 처벌하라고 간청했어요

김원술도 이 전투에서 죽음을 각오하고 적과 싸우려 했으나 부하 담릉이 막아서며 말렸어요.

"아무것도 이루지 못하고 죽느니 살아서 나중에 공을 세우십시오."

"구차하게 살아서 돌아간다면 내가 아버지 얼굴을 어떻게 보겠는가?"

김원술은 담릉이 끝까지 막는 바람에 어쩔 수 없이 후퇴했지요.

삼국 통일을 이끈 명장 김유신

한편, 문무왕은 신라군의 패배가 믿기지 않는 듯 김유신에게 신라군이 진 이유를 물었어요. 그러자 김유신이 대답했어요.
"당나라 사람들은 꾀가 많으니, 군사 배치에 더욱 신경써야 합니다. 그리고 김원술은 왕명을 더럽히고 가훈을 어겼으니 마땅히 죽여야 합니다."
김유신은 수많은 군사가 전쟁터에서 죽었는데, 자신의 아들이 살아 돌아온 것에 분노했어요. 하지만 문무왕은 김원술이 지휘관도 아닌 데다가 김원술에게만 벌을 내릴 수 없어 용서했어요.

어머니에게도 인정받지 못했어요

김원술은 부끄러워 얼굴을 들지 못한 채, 집에도 못 가고 시골에 숨어 살았어요. 이듬해인 673년에 아버지 김유신이 죽고 어머니를 만나려고 찾아갔으나, 어머니가 만남을 거절하며 말했어요.

"남편이 죽어 마땅히 아들을 따라야겠지만, 네가 내 남편에게 아들 취급을 받지 못했는데 내가 어찌 너를 따르겠느냐?"

냉담한 어머니의 말에 김원술은 한숨을 내쉬며 태백산으로 들어갔어요.

나당 전쟁이 막바지로 접어들던 675년, 당나라가 신라 매소천성을 공격했어요. 김원술은 전투에 참가해 큰 공을 세워 상을 받았어요. 그리고 당당하게 다시 한번 어머니를 만나려고 했지요. 하지만 이미 차갑게 식은 어머니의 마음은 굳게 닫혀 있었어요. 그 후로 김원술은 한스러운 마음에 평생 벼슬길에 나가지 않고 일생을 마쳤어요.

삼국사기 놀이터

김유신은 평생 신라가 삼국 통일을 이루는 일에 몸과 마음을 바쳤어요. 그림을 보면서 김유신의 일생을 순서대로 따라가 보세요.

- 낭비성 전투를 승리로 이끎.
- 김춘추 구출 작전을 세움.
- 삼국 통일의 비법을 구함.
- 백제 포로와 신라 장군의 유골을 맞바꿈.
- 출발!

신라의 명장 김유신 외에도 나라를 어려움에서 구한 여러 장군이 있어요. 수나라 대군을 물리친 고구려의 을지문덕과 청해진에서 바다를 주름잡은 통일 신라의 장보고 등 우리가 잘 아는 장군이 있는가 하면, 거도나 김양 등 이름조차 낯선 인물들도 있지요. 〈삼국사기〉를 지은 김부식은 널리 알려진 인물이든 아니든 이들이 나라를 위해 특별한 일을 했기에 그 이름과 업적을 기록했어요. 각 인물들이 어떤 일을 했는지 한번 알아보아요.

나라를 빛낸 삼국의 장군들

살수 대첩을 승리로 이끈 을지문덕

고구려와 수나라가 첫 전쟁을 치렀어요

을지문덕은 고구려 제26대 임금인 영양왕 때 장군이에요. 영양왕은 수나라가 중국을 통일한 지 1년 후인 590년에 왕이 되었어요. 왕위에 있는 동안 고구려와 수나라는 크고 작은 전쟁을 네 차례나 치렀지요.
처음에는 고구려와 수나라 사이가 나쁘지 않았어요. 하지만 고구려가 강해지는 것을 견제한 수나라는 말을 안 들으면 왕을 바꿔 버리겠다거나, 공격할 거라며 협박했어요.

나라를 빛낸 삼국의 장군들

그러자 영양왕은 598년, 말갈 군사 1만 명을 이끌고 수나라 국경인 요서 지역을 먼저 공격했어요. 이곳은 중국이 고구려를 공격하기 위한 보급 기지★ 같은 곳이었어요. 고구려의 공격에 당황한 수나라 문제는 곧 30만 군사로 반격했어요. 하지만 미처 군량을 준비하지 못한 데다 장마철이라 전염병까지 나돌아, 수나라군은 고전을 면치 못했어요. 또 바닷길을 통해 평양성으로 진격하다가 폭풍을 만나 많은 배가 침몰했지요. 결국 수나라군은 후퇴할 수밖에 없었어요.

★보급 기지 전쟁에 필요한 여러 물품을 공급하는 곳이에요.

수나라 진영을 파악하기 위해 꾀를 냈어요

수나라 두 번째 황제인 양제는 고구려를 그대로 둘 수 없었어요. 겉으로는 말을 듣는 척하지만, 고구려는 수나라를 언제든 위협할 수 있는 나라라고 생각했지요. 양제는 아버지 문제가 군량 수송에 실패했던 것을 생각해 군량 수송 인원을 전투하는 군사보다 두 배로 늘리고, 612년에 고구려로 쳐들어갔어요. 전투할 군사만 113만여 명으로, 군사들 행군의 총 길이는 약 380킬로미터나 되었지요.

나라를 빛낸 삼국의 장군들

마침내 을지문덕이 활약한 고구려와 수나라의 두 번째 전쟁이 시작되었어요. 을지문덕은 침착한 성격에 군사 지식과 전략이 뛰어났고, 글도 잘 썼어요. 수나라 장군 우문술, 우중문은 곧바로 평양성을 공격할 30만여 명의 군사를 이끌고 압록강에 진을 쳤어요. 거대한 병력을 가진 수나라가 고구려를 곧 함락시킬 것만 같았지요.

이때 영양왕과 을지문덕은 한 가지 꾀를 냈어요. 계획대로 을지문덕은 수나라 진영에 가서 항복한 척했어요. 수나라 군사와 군량, 진영을 파악하기 위해서였지요. 을지문덕은 한참을 둘러보다가 우중문이 자신의 거짓 항복을 의심하자, 급히 고구려 진영으로 되돌아왔어요.

수나라군의 내분과 고구려군의 거짓 패배

을지문덕을 놓친 우문술과 우중문은 을지문덕을 그냥 보낸 것이 불안했어요. 우문술은 군량이 다 떨어졌다며 돌아가자고 했지만, 우중문은 지금 고구려를 공격하면 성공할 수 있다고 했지요. 하지만 우문술이 자꾸만 돌아가자고 하자, 우중문은 화를 내며 말했어요.

"이렇게 많은 병력으로 적은 수의 고구려군을 물리치지 못한다면 어찌 황제의 얼굴을 볼 수 있단 말이오?"

하는 수 없이 우문술도 고구려를 공격하기로 했어요.

이놈들~ 우리 당나라군의 위력에 쫄았구나!

나라를 빛낸 삼국의 장군들

수나라군은 압록강을 건너 고구려군을 공격했어요. 을지문덕은 수나라 군사들이 배고프고 춥다는 것을 알고 일부러 패한 척하며 점점 그들을 지치게 했어요. 우문술이 이끄는 군대는 하루에도 일곱 번씩이나 고구려군을 이겼어요. 자만에 빠진 우문술은 군사들의 사정은 생각지도 않고 살수를 건너 평양성에서 약 10킬로미터 떨어진 곳까지 진격해 진을 쳤어요. 우중문과 우문술은 드디어 고구려를 정복할 수 있을 것이라 생각했지요.

우중문에게 시를 보냈어요

을지문덕은 수나라군이 진을 친 것을 보고 우중문에게 시 한 수를 지어 보냈어요. 그 시는 다음과 같아요.

그대의 신통한 책략은 우주의 원리를 꿰뚫었고
오묘한 지혜는 지리를 통달하였소.
싸워서 이긴 공로가 이미 높으니
이만하면 만족하고 그만두는 것이 어떠하오?

나라를 빛낸 삼국의 장군들

을지문덕은 우중문을 칭찬하면서, 이미 전공을 높였으니 고구려 침략을 그만두고 물러나라고 썼어요. 이어서 을지문덕은 다시 거짓으로 항복한다고 편지를 써서 우문술에게 보냈어요.
"만약 군대를 돌이켜 수나라로 돌아가면 우리 왕을 모시고 행재소로 가서 황제를 뵙겠소."

★**행재소** 황제나 왕이 임시로 머무는 장소예요.

살수 대첩에서 대승을 거두었어요

우문술은 을지문덕이 항복하겠다는 것을 핑계로 평양성에서 물러나기로 했어요. 사실 수나라군은 군량도 거의 떨어진 데다가 평양성이 공격하기 어려운 곳에 있고, 고구려군의 수비도 탄탄해서 고구려를 함락시키기 어렵다고 판단했지요.

마침내 수나라군이 후퇴하기 시작하자 이번에는 을지문덕이 수나라군을 기습했어요. 수나라군은 싸우다 후퇴하다를 반복하며 살수 앞에 이르러서는 앞다투어 강을 건넜어요. 기세를 탄 을지문덕의 고구려군은 수나라군의 뒤를 바짝 쫓았어요.

나라를 빛낸 삼국의 장군들

이때 고구려군이 수나라 장군 신세웅을 죽이자 수나라군은 걷잡을 수 없이 무너졌어요. 수나라 군사들은 하루 동안 압록강까지 약 180킬로미터를 달아났지요. 처음에 30만여 명의 군사가 평양성을 침공했는데, 돌아간 군사들은 2천여 명에 지나지 않았어요.
이런 어마어마한 승리는 을지문덕의 지혜와 전략 덕분이라고 볼 수 있어요. 김부식도 을지문덕 한 사람의 힘으로 고구려가 수나라를 이길 수 있었다고 기록했어요.

고구려는 어떻게 많은 전쟁에서 이길 수 있었을까?

고구려는 주몽이 나라를 세운 이후 주변의 강대국과 크고 작은 전쟁을 치르며 발전했어요. 특히 낙랑과 대방 등을 몰아내고, 국경과 맞붙은 중국과 싸우면서 더욱 강한 군대를 만들어 갔어요. 광개토 대왕, 을지문덕 같은 왕과 장군 들의 탁월한 지도력을 비롯해 훈련을 통해 갈고닦은 군사들의 전투력, 수많은 전쟁으로 쌓인 전술과 전략이 있었기에 고구려는 많은 전쟁에서 승리하며 700여 년 동안 강국으로 살아남을 수 있었지요.

> 고구려 철갑 기병의 매서운 맛을 보여 주마!

특히 고구려군의 철갑 기병은 전투에서 막강한 힘을 발휘했어요. 철갑 기병은 맨 앞에서 적의 진열을 흩뜨리며 적의 사기를 떨어뜨리는 전술을 펼쳤지요. 〈삼국사기〉에는 246년에 고구려 제11대 임금 동천왕이 철갑 기병으로 위나라 장군 관구검과 싸웠다고 나와, 고구려는 일찍부터 철갑 기병을 이용했음을 알 수 있어요. 철갑 기병을 앞세운 고구려의 전술은 '안악 3호분'과 '덕흥리 고분' 등 고구려 고분 벽화에도 생생히 나타나 있지요.

★**철갑 기병** 말과 병사가 철로 만든 갑옷으로 완전히 무장한 기병을 말해요.

약속을 지킨 장군, 거칠부

귀족 출신의 승려가 되었어요

거칠부는 신라 제17대 임금인 내물왕의 5세손이에요. 할아버지와 아버지 모두 높은 관직을 거친 귀족이었지요.

거칠부는 젊을 때 머리를 깎고 승려가 되어, 전국 여기저기를 다니며 몸과 마음을 닦았어요. 그러다가 고구려를 염탐하러 몰래 고구려에 들어가 국경 근처에 있는 절에서 혜량 법사라는 스님을 만났어요. 혜량 법사는 신도들에게 불경의 내용이 어떤 뜻인지를 설명해 주고 있었어요.

거칠부는 절의 신도인 척 사람들 틈에 끼어 혜량 법사의 설법을 들었어요. 혜량 법사는 거칠부가 보통 사람이 아님을 짐작하고 조용히 거칠부를 불러 어디에서 왔는지 물었어요. 거칠부가 솔직하게 대답하자, 혜량 법사는 신라로 빨리 돌아가라고 했어요.

"그대는 고구려를 엿보기 위해 오지 않았나? 빨리 그대 나라로 돌아가게. 그대를 알아보는 사람이 있을지 모르네."

거칠부는 혜량 법사의 설법을 들으러 왔다고 했지만 혜량 법사의 매서운 눈은 속일 수 없었지요.

혜량 법사와의 약속

혜량 법사는 거칠부를 신라에 돌려보내며 부탁했어요.

"그대는 장군이 될 관상을 지녔네. 군사를 이끌고 오거든 나를 기억해 주게."

거칠부가 대답했어요.

"그때가 되면 반드시 법사님을 기억하겠습니다."

거칠부는 신라로 돌아와 관리가 되었고, 진흥왕의 명을 받아 여러 학자와 함께 역사책인 〈국사〉를 만들었어요.

나라를 빛낸 삼국의 장군들

그 후 거칠부는 백제군과 함께 고구려를 공격해 고구려 남쪽의 열 개 군을 빼앗았어요. 거칠부가 군사들을 이끌고 마을로 진군하는데, 멀리서 혜량 법사가 보였어요. 거칠부는 혜량 법사에게 다가갔어요.
"예전에 법사님 덕분에 목숨을 건졌습니다. 고구려는 나라가 어지러우니 저와 함께 신라로 가시지요."
신라로 온 혜량 법사는 거칠부의 소개로 진흥왕을 만나 신라 최초로 승통*이 되었어요. 이후 거칠부는 진지왕 때 신라에서 가장 높은 관직인 상대등에 올라 나랏일을 돌보다가 일흔여덟 살에 세상을 떠났어요.

★**승통** 불교에서 가장 높은 지위의 승려를 말해요.

한 번에 두 나라를 정복한 거도

적을 방심하게 해 나라를 빼앗았어요

신라 탈해왕 때 일이에요. 지금의 울산 근처와 부산 동래에 우시산국과 거칠산국이라는 작은 나라가 있었어요. 두 나라 모두 신라 국경과 닿아 있어 가끔씩 신라와 다투는 일이 있었어요. 마침 이 지역 관리가 된 거도는 두 나라를 신라에 항복시키기로 했어요.

거도는 1년에 한 번씩 말들을 들판에 풀어놓아 군사들에게 말을 타고 달리며 재미있게 놀도록 했어요. 이러한 놀이를 '마숙'이라고 해요.

우린 그냥 노는 거야~.

나라를 빛낸 삼국의 장군들

두 나라 사람들은 처음에 신라군이 마숙을 하는 척하다가 갑자기 공격할까 봐 걱정했지만, 몇 년 동안 계속되자 단순히 놀이로 여기고 마음을 놓았어요. 그러던 어느 날, 신라군이 평소처럼 마숙을 하던 중 거도가 공격 명령을 내리자 순식간에 우시산국과 거칠산국을 공격했어요. 신라군은 몇 년 동안 말을 다루는 훈련을 했던 반면, 두 나라는 공격에 대비하지 못했기 때문에 신라는 손쉽게 두 나라를 정복할 수 있었지요.

우산국을 정복한 이사부

나무 사자로 우산국을 항복시켰어요

이사부는 신라 내물왕의 4세손으로, 주로 지증왕과 진흥왕 때 활약한 장군이자 관리였어요. 젊었을 때는 국경 지역을 지키는 관리로 지내다가, 거도의 '마숙' 전술을 이용해 가야의 일부를 신라 땅으로 만들었지요.

나라를 빛낸 삼국의 장군들

지증왕 때인 512년, 하슬라주의 군주로 있던 이사부는 지금의 울릉도와 독도인 우산국을 공격할 계획을 세웠어요. 우산국은 사방이 바다로 둘러싸여 있고 사람들도 거칠어서 정복하기가 무척 어려웠어요. 이사부는 무력보다는 꾀를 써서 항복을 받아 내기로 했어요.

우산국으로 떠나기 전, 이사부는 군사들에게 나무 사자를 많이 만들어 배에 싣도록 명령했어요. 그러고는 우산국 해안에 도착해 크게 소리쳤어요.

"지금 항복하지 않으면 이 사나운 짐승을 풀어 모두 죽이겠다!"

그러자 우산국 사람들은 무서워서 모두 나와 항복했어요.

두 나라의 인재, 김인문

당나라군의 부사령관이 되었어요

629년에 태어난 김인문은 태종 무열왕의 둘째 아들이자, 제30대 임금인 문무왕의 동생이에요. 김인문이 자라날 당시, 신라는 백제와 고구려 사이에서 힘든 시기를 보냈어요. 진덕 여왕 때인 648년, 백제의 계속된 공격에 김인문의 아버지 김춘추는 셋째 아들 김문왕과 함께 당나라에 군사를 빌리러 갔어요. 이때, 군사를 빌린 대신 김문왕이 당나라에서 숙위를 하게 되었어요. 그리고 3년 후 김인문이 김문왕을 대신해서 숙위했지요.

나라를 빛낸 삼국의 장군들

660년, 태종 무열왕이 백제를 공격하기 위해 당나라에 숙위 중인 김인문에게 군사 지원을 요청하도록 했어요. 그런데 마침, 당나라에서도 백제를 공격하려던 참이었지요.

당나라 황제 고종은 김인문에게 백제로 가는 길의 어디가 험하고 편한지를 물었어요. 김인문이 고종에게 자세히 알려 주자, 고종은 김인문을 당나라군 부사령관에 임명했어요.

★**숙위** 신라 때 높은 지위의 자녀를 당나라에 머물게 해, 당나라 황실의 권위를 올려 주는 동시에 신라의 안전을 지키기 위한 국제 외교였어요. 김춘추의 셋째 아들인 김문왕이 처음으로 숙위를 했어요.

나당 연합군이 백제를 멸망시켰어요

김인문과 소정방은 13만 병력을 이끌고 백제를 공격하기 위해 서해 앞바다 덕물도에 도착했어요. 고종은 태종 무열왕에게 신라군을 이끌고 오도록 했어요. 태종 무열왕은 태자 김법민, 대장군 김유신 등과 함께 남천정에 도착했어요. 이후 김법민은 덕물도에서 김인문과 당나라군을 맞이했고, 김유신이 이끄는 신라군은 계백 장군이 이끄는 백제군과 황산 벌판에서 치열하게 전투를 벌였어요. 그 때문에 김유신은 백제 사비성에 소정방과 약속한 날짜보다 늦게 도착했지요.

나라를 빛낸 삼국의 장군들

소정방은 신라군이 늦었다는 이유로 김유신의 부하 김문영 장군의 목을 베라고 명령했어요. 화가 난 김유신이 큰 도끼를 잡고 두 눈을 부릅뜨며 당나라군과 먼저 싸우겠다고 엄포를 놓자, 소정방은 그 명령을 취소했어요. 마침내 나당 연합군은 백제를 총공격해 멸망시켰어요. 소정방은 의자왕과 백제의 태자, 왕자, 신하들, 그리고 백성 약 1만여 명을 데리고 당나라로 갔어요. 김인문은 태종 무열왕으로부터 높은 직책을 받은 다음, 당나라로 돌아가서 다시 숙위했어요.

나당 연합군이 고구려를 멸망시켰어요

668년, 당 고종은 장군 이적에게는 고구려 공격을 명령하고, 김인문에게는 신라에 가서 신라군을 출동하게 했어요.

김인문은 신라에 도착해 문무왕과 함께 20만 대군을 이끌고 고구려를 향해 진군했어요. 북한산성에 이르자, 문무왕은 김인문에게 군사를 이끌고 가서 당나라 군대와 함께 고구려를 공격하게 했어요.

나라를 빛낸 삼국의 장군들

나당 연합군이 평양성을 공격한 지 한 달이 지난 뒤, 마침내 고구려의 마지막 왕인 보장왕이 항복함으로써 고구려는 멸망했어요. 이적은 보장왕과 연개소문의 세 아들인 남산, 남건, 남생, 그리고 고구려 신하들과 백성 약 20만 명을 데리고 당나라로 돌아갔어요.

전쟁에서 승리한 후 김인문은 신라의 대각간이 되었고, 당 고종에게서 높은 벼슬과 많은 땅을 받았어요. 김인문은 고구려 멸망 이후에도 계속 당나라에서 숙위했어요.

★**대각간** 특별한 공로가 있는 경우, 신라의 17관등 중에 가장 높은 관등인 각간 위에 대각간이라는 벼슬을 내렸어요. 김유신, 김인문 등이 이 벼슬을 받았어요.

83

신라의 왕이 될 뻔했어요

마침내 신라는 당나라의 힘을 빌려 백제와 고구려를 멸망시키고 삼국을 통일했어요. 그런데 당나라가 백제와 고구려의 옛 땅뿐 아니라 신라까지 차지하려 했어요. 그러자 문무왕은 옛 백제 지역을 공격해 사람들을 신라 땅으로 옮겨 살게 하고, 고구려 사람들과 함께 당나라 군대를 공격하기도 했지요. 화가 난 당나라 고종은 674년, 신라를 공격하며 문무왕 대신 김인문을 신라의 왕으로 삼으려고 했어요.

김인문은 그럴 수 없다고 했지만 고종의 명령을 어길 수는 없었어요. 결국 김인문은 무거운 발걸음으로 신라로 향했어요.

김인문을 신라의 왕으로 삼으라는 고종의 말에 신라 조정도 발칵 뒤집어졌어요. 문무왕은 마지못해 고종에게 사신을 보내 사과했지요. 그러자 고종은 마음이 풀어져 왕을 바꾸겠다는 명령을 취소하고, 김인문을 다시 당나라로 불러들였어요.

말년을 당나라에서 보냈어요

676년에 신라가 당나라를 몰아내고 삼국을 완전히 통일한 다음, 김인문이 당나라에서 어떤 일을 했는지는 알 수 없어요. 다만 679년에 당나라 궁궐을 호위하는 부대의 대장군에 임명되었고, 690년에 당나라 황제를 호위하는 좌우림군장군에 임명되었다는 기록이 남아 있어요.

김인문은 694년, 예순여섯 살에 당나라 수도 장안에서 세상을 떠났어요. 이때 당나라 황제가 슬퍼하며 수의를 주고 관직을 올려 주었지요.

김인문의 시신은 신라로 돌아와 경주에 묻혔어요.
김인문은 651년, 스물세 살에 처음 당나라에 숙위한 이후 오랜 기간 당나라에 머무르며 신라와 당나라 사이의 여러 일을 맡았어요. 비록 삼국 통일 이후 한때 신라와 당나라가 칼을 겨누기는 했어도 김인문은 신라와 당나라를 중재하는 역할을 잘해 냈어요. 이러한 공로를 높이 사, 신라 제32대 임금 효소왕은 김인문에게 태대각간을 내렸어요.

기회를 기다린 김양

숨어서 좋은 기회가 오기를 기다렸어요

김양은 태종 무열왕의 9세손으로, 할아버지와 아버지 모두 높은 벼슬을 지냈어요. 828년, 스물한 살에 고성군 태수가 된 이후 중원 대윤과 무주 도독 등을 거치며 일 잘하기로 소문이 났지요.

836년, 신라 제42대 임금인 흥덕왕이 아들 없이 죽자 왕의 사촌 동생 김균정과 왕의 조카 김제륭 사이에 왕위 다툼이 일어났어요. 김양은 자신의 사병들과 함께 적판궁에서 김균정을 지키며 왕으로 받들었어요.

김제륭은 김균정보다 훨씬 많은 군사를 이끌고 적판궁을 포위했어요.
이때 김제륭의 부하가 김양을 겨냥해 화살을 쏘아 맞추었어요.
김양까지 부상을 당해 김균정은 더 이상 버티기가 힘들었지요. 김양은
김균정과 함께 김제륭의 포위망을 뚫고 달아났어요. 그러다 김균정은
적들에게 그만 살해되고 말았어요.
김양은 달아나면서 하늘을 향해 소리 높여 울었어요. 그리고 산속에 숨어
좋은 기회가 오기를 기다렸어요.

김우징, 장보고와 함께 복수를 시작했어요

김균정에게는 김우징이라는 아들이 있었어요. 김우징은 아버지가 죽은 후 군사들을 모아 장보고가 있는 청해진으로 갔어요. 청해진에서 장보고와 손을 잡은 후 아버지의 복수를 하려고 했지요.

숨어 지내던 김양도 그 소식을 듣고는 군사들을 모았어요. 그러는 사이에 왕궁에서 왕위를 둘러싼 또 다른 싸움이 일어났어요. 838년, 희강왕 김제륭이 심복이던 김명과 이홍에게 배신을 당해 죽고 김명이 왕위에 올랐던 거예요. 이때 왕위에 오른 김명이 신라 제44대 임금 민애왕이에요.

김양은 김우징을 만나러 청해진에 갔어요. 마침내 김양과 김우징은 장보고 수하의 군사 5천 명을 이끌고 무주를 습격한 뒤 남원까지 진격해 신라군을 격파했어요. 그런 다음 휴식을 위해 청해진으로 돌아갔는데, 어느 날 밤에 혜성이 나타나자 사람들이 기뻐하며 말했어요.
"옛것은 없어지고 새것이 펼쳐지는구나. 드디어 원수를 갚고 수치를 씻을 좋은 기회가 왔다."
김양도 지난날 숨어 지내며 기회를 기다린 보람이 있었어요.

민애왕을 없애고 신무왕을 왕위에 올렸어요

838년 12월, 김양은 자신이 조직한 군대의 평동 장군이 되어 김우징과 함께 경주로 향했어요. 김우징 옆에는 정년, 염장, 낙금 등 여섯 명의 장수가 보좌했어요. 왕의 군사들이 앞을 가로막자 낙금이 기병 3천 명을 이끌고 돌파해 앞으로 나아갔어요.

이듬해 1월, 김양과 김우징의 군사들은 왕이 이끄는 군사들에 맞서 크게 이겼어요. 민애왕은 달아나다 군사들에게 붙잡혀 죽임을 당했지요.

나라를 빛낸 삼국의 장군들

김양은 군사들과 함께 왕궁으로 들어가 혼란을 잠재웠어요. 그리고 지난날 자신에게 화살을 쏘아 다리를 맞혔던 김제륭의 부하를 용서했어요.
"너는 너의 주군을 위해 나를 쏜 것이니, 너야말로 의로운 자다. 지난 일을 따지지 않을 테니 걱정하지 마라."
그러자 김제륭 편에 섰던 많은 사람이 감동했어요.
김양은 왕궁을 깨끗이 정리한 다음, 김우징을 왕으로 세웠어요. 이 임금이 신라 제45대 임금인 신무왕이에요. 이후 김양은 신라 조정을 위해 일하다가 857년에 세상을 떠나 태종 무열왕 옆에 묻혔어요.

백제와 당나라에서 활약한 흑치상지

백제의 부흥 운동을 이끌었어요

백제 서부 출신 흑치상지는 백제의 16관등 가운데 두 번째 관등인 달솔이자, 풍달군의 군장이었어요. 키가 175센티미터가 넘었고, 날쌔고 용감한 데다 책략도 뛰어났지요.

660년, 나당 연합군에게 백제가 멸망하자 흑치상지도 부하들과 함께 항복했어요. 그런데 당나라 장군 소정방이 백제 사람들을 괴롭히고 재물을 빼앗자, 흑치상지는 부하들과 함께 임존성에서 저항하기 시작했어요.

백제를 다시 일으키고 싶었는데, 이렇게 분열이 심해서야 원….

나라를 빛낸 삼국의 장군들

얼마 후 흑치상지를 따르는 사람이 3만 명이나 되었어요. 흑치상지는 소정방 군대의 공격에도 굳게 버텨 냈고 주변 200여 성을 되찾았어요. 하지만 이 시기에 백제 부흥군에 내분이 일어나, 흑치상지는 백제 부흥 운동을 계속해야 할지 고민했어요.

이때 당나라 황제 고종이 흑치상지의 인물 됨됨이가 뛰어나다는 것을 알고, 장군 유인궤를 보내 흑치상지에게 항복하고 당나라에서 일하기를 권했어요. 한참을 고민하던 흑치상지는 결국 항복해 당나라로 갔어요.

당나라에서 벼슬을 지내다가 억울하게 죽었어요

흑치상지는 당나라에서 지방 관리인 좌령군 양주자사가 되었어요. 그리고 전쟁에도 여러 번 참여해 전공을 쌓고 많은 상을 받았어요.

687년, 흑치상지가 쉰여덟 살 때였어요. 당나라에서 유명한 장군이 되어 이름만 대면 누구나 알 정도가 되었지요. 흑치상지는 돌궐족이 사는 연연도의 대총관이 되어 돌궐을 공격했어요.

이때 찬보벽이라는 장군이 전공을 세울 욕심에 몰래 군대를 이끌고 돌궐군과 싸우다 패해, 당나라 군사 대부분이 전사했어요. 총사령관이었던 흑치상지는 이 일에 책임을 지고 그동안 쌓은 모든 공로가 없어지게 되었어요. 게다가 흑치상지가 잘되는 것을 시기하던 주흥이라는 관리가 반역자 조회절과 흑치상지가 함께 모의했다면서 누명을 씌웠어요. 결국 흑치상지는 옥에 갇혔다가 689년에 사형을 당하고 말았지요.

훌륭한 인품을 지녔어요

흑치상지의 인품을 알려 주는 한 이야기가 있어요.

어느 날 흑치상지에게 어떤 사람이 와서 말했어요.

"말을 관리하는 병사가 장군님의 말에 매질을 했으니 혼내야 합니다!"

그러자 흑치상지가 말했어요.

"아닐세. 내가 타는 말이라고 병사를 혼낼 수야 있겠는가?"

흑치상지는 자신의 지위가 높다고 해서 아랫사람을 함부로 대하지 않았어요. 그 덕분에 아랫사람들에게 존경을 받고 덕망을 쌓았지요.

나라를 빛낸 삼국의 장군들

또한 흑치상지는 나라에 공을 세울 때마다 받은 선물을 모두 부하들에게 나누어 주고, 정작 자신은 재물을 하나도 남기지 않았다고 해요.

흑치상지가 억울하게 죽은 지 10여 년 뒤, 당나라 황제는 흑치상지가 누명을 썼다는 것을 알게 되었어요. 그래서 아들이 흑치상지의 무덤을 옮기려고 할 때 많은 도움을 주었어요. 황제뿐 아니라 백성들도 훌륭한 인품을 지녔던 흑치상지의 억울한 죽음을 안타까워했지요.

청해진 대사, 장보고

청해에 군대 진지를 만들자고 했어요

궁복과 정년은 어릴 때 바닷가 근처에서 살았어요. 두 사람은 어려서부터 싸움 놀이를 좋아해 서로 지지 않으려고 했어요. 정년은 궁복보다 자신이 더 싸움도 잘하고 용감하다고 생각했지만, 궁복을 형이라고 부르며 잘 따랐어요.

한편, 궁복과 정년은 신분이 낮아서 신라에서는 출세할 수 없다고 생각해 당나라로 갔어요. 그리고 궁복은 이름을 장보고로 바꿨어요.

장보고와 정년은 당나라에서 무령군 소장이 되었어요. 두 사람은 말을 탄 채로 창을 아주 잘 썼어요. 그러던 어느 날, 해적들이 바다를 돌아다니며 신라 사람들을 납치해 당나라에서 노비로 파는 일이 일어났어요. 장보고는 신라로 돌아와 흥덕왕에게 이러한 사실을 알리면서 청해에 군대를 보내자고 했어요. 청해는 지금의 완도로, 신라 바닷길에서 아주 중요한 곳이었지요. 828년, 흥덕왕은 청해진을 세우고 장보고를 청해진 대사로 임명해 군사 1만 명을 주면서 바다를 지키게 했어요. 그 뒤로 해적들은 신라 사람들을 붙잡아 가지 못했어요.

정년이 청해진으로 찾아왔어요

장보고는 청해진에서 사람들의 바닷길을 안전하게 지키는가 하면, 왜와 당나라 사이에서 필요한 물건을 중개해 주는 무역을 통해 큰 부자가 되었어요. 반면 정년은 당나라에서 추위와 굶주림에 시달리며 힘들게 지냈어요. 군대에서 쫓겨나듯 나온 뒤로 별다른 일 없이 허송세월만 보내고 있었던 거예요.

정년은 이대로는 굶어 죽겠다는 생각에 장보고가 있는 청해진으로 가기로 마음먹었어요.

정년은 당나라에서 한때 장보고와 사이가 안 좋았던 적이 있어서 걱정이 되었어요. 게다가 당나라에서 사귄 친구 풍원규가 정년에게 이렇게 말했어요.
"자넨 왜 장보고 손에 죽으려고 하는가?"
풍원규는 정년이 장보고에게 죽을까 봐 걱정이 되었어요. 하지만 정년은 신라로 가서 장보고에게 죽을지언정 먼 이국땅에서 굶어 죽는 것보다는 낫다고 생각했지요. 정년은 장보고가 있는 청해진으로 떠났어요.

반란 세력을 몰아내고 신무왕을 왕위에 올렸어요

정년이 찾아왔다는 소리에 장보고는 지난날 안 좋았던 감정을 깨끗이 잊고 정년을 크게 환영했어요. 상다리가 휘어질 정도로 많은 음식과 술을 대접해 정년의 걱정을 말끔히 씻어 주었지요.

둘이 즐겁게 지난 이야기를 나누는데, 부하가 급히 들어오며 왕궁에서 일이 생겼다고 보고했어요. 희강왕이 자신을 왕위에 올려 준 신하들에게 밀려나 스스로 목숨을 끊은 사건이 일어난 거예요. 이때 장보고는 정년에게 5천 명의 군사를 내주며 반란 세력을 물리치라고 말했어요.

나라를 빛낸 삼국의 장군들

정년은 장보고의 손을 굳게 잡고 고개를 끄덕이고는 경주로 향했어요. 반역자들을 물리친 정년과 장보고는 신무왕을 왕위에 올렸어요. 신무왕은 장보고를 재상으로 삼고, 정년에게는 장보고 대신 청해진을 지키는 임무를 주었지요. 그런데 신무왕이 7개월 만에 갑자기 죽고, 아들 문성왕이 왕위에 올랐어요.

장보고는 자신의 딸을 문성왕의 부인으로 들이려 했어요. 하지만 계획대로 되지 않아 불만을 품고 청해진에서 반란을 일으켰다가, 부하 염장의 칼에 찔려 목숨을 잃고 말았어요.

날 환영해 준 장보고에 대한 보답은 해야지!

끝까지 함께한 우정, 사다함

능력을 채 펼치지 못하고 일찍 세상을 떠났어요

사다함은 진골 출신으로, 좋은 가문에서 자라 일찍 화랑이 되었어요. 사다함을 따르는 낭도가 무려 천 명이나 되었지요.

562년, 사다함은 이사부 장군이 대가야를 정벌하러 떠날 때 전쟁에 참가했는데, 이때 나이가 열다섯 살이었어요. 대가야 국경에서 사다함은 일부 군사만을 데리고 순식간에 쳐들어갔어요. 신라군의 기습에 당한 대가야는 마침내 이사부의 총공격을 받아 멸망하고 말았지요.

나라를 빛낸 삼국의 장군들

승리하고 신라로 돌아오자 진흥왕은 사다함에게 대가야 사람 300명을 주었어요. 사다함은 이들을 노비로 삼을 수 있었지만 모두 풀어 주었어요. 또 사양하는데도 왕이 기어코 땅을 주겠다고 하자, 사다함은 알천의 쓸모없는 땅을 달라고 했어요.

이렇듯 뛰어난 능력과 따뜻한 성품을 가졌지만, 사다함은 자신의 모든 것을 채 꽃피우기도 전인 열일곱 살에 죽고 말았어요. 친구인 무관랑이 병으로 먼저 죽자, 슬퍼한 나머지 7일 만에 세상을 뜨고 만 것이었지요.

107

삼국사기 배움터

당나라의 신라인 거주 지역, 신라방

삼국 통일 이후 나당 전쟁으로 당나라와 신라는 잠시 관계가 멀어졌어요. 하지만 발해가 건국되고 당나라와 발해가 서로 견제하는 사이가 되자, 당나라는 다시 신라와 가깝게 지냈지요. 그러면서 많은 신라 사람이 당나라의 동해안 지역으로 건너가 살게 되었어요. 이때 당나라의 등주, 양주, 초주 지역에 신라 사람들이 함께 모여 살았는데, 이 지역을 '신라방'이라고 했어요. 신라방이 생기고 신라인이 늘면서 신라관과 신라소, 그리고 신라원도 생겼어요.

신라관은 나랏일로 당나라에 온 신라의 사신이나 유학하러 온 승려들이 잠시 묵는 여관을 말해요. 신라소는 당나라에 흩어져 사는 신라인들을 관리하기 위한 곳으로, 당나라 지방 관청의 통제를 받았지만, 신라인이 다스리고 관리했지요. 신라원은 신라방에서 신라인들이 세운 절을 말해요. 그중 장보고가 당나라에 있을 때 세운 적산법화원이 유명해요.
현재 중국 산둥반도 룽청시에서 적산법화원 유적지와 장보고 기념비를 만나볼 수 있어요.

삼국사기 놀이터

고구려, 백제, 신라에는 위기에 처한 나라를 구하기 위해 힘쓴 장군들이 있어요. 신라의 김유신과 장보고, 고구려의 을지문덕, 그리고 백제의 흑치상지까지 각 인물이 어떤 일을 했는지 알맞은 그림을 찾아 연결해 보세요.

을지문덕

장보고

백제 부흥 운동을 했어요.

청해진을 설치해 해적들을 없앴어요.

신라에서는 신분에 따라 진출할 수 있는 분야가 정해져 있었어요. 높은 관직은 대부분 진골들이 차지했지요. 그 때문에 6두품은 유학, 불교 등 학문과 종교 분야로 진출했어요.
강수, 설총, 최치원 등 학자들과 원광 법사, 원효 대사 등 고승들은 학문과 불교 쪽에서 많은 일을 했어요. 그리고 음악, 서예, 그림 등 예술 분야에서 활약한 사람들은 대체로 출신이 알려지지 않은 인물이 많지만, 자신이 맡은 일에서 뛰어난 업적을 남겼지요.
학문과 예술을 사랑한 이들이 어떤 업적을 남겼는지 알아보아요.

학문과 예술을 사랑한 사람들

유학자이자 문장가, 강수

특별한 외모를 가지고 태어났어요

한 여인이 산길을 가고 있었어요. 멀리 바위에 어떤 사람이 앉아 있는데 모습이 이상했어요. 점점 가까이 다가가다가, 여인은 깜짝 놀랐어요. 그 사람은 머리에 큰 뿔이 달려 있었어요. 놀라서 도망치려는데 발이 움직이지 않는 거예요. 한참 버둥거리다 여인은 벌떡 일어났어요. 특이한 꿈이었어요. 꿈을 꾸고 얼마 뒤, 여인은 한 사내아이를 낳았어요.

학문과 예술을 사랑한 사람들

아기는 머리 뒤의 뼈가 높이 솟아 있었어요. 꿈에 나온 남자와 비슷한 모습이었지요. 부모는 아기의 이름을 소의 머리라는 뜻의 '우두'라고 지었어요. 어느 날 관상 보는 사람이 우두를 보고는 이런 말을 했어요.
"위대한 사람들의 관상은 대부분 특이하지요. 이 아이도 관상이 보통 사람 같지 않은 데다가 머리에 사마귀까지 있네요. 얼굴의 사마귀는 나쁘지만 머리의 사마귀는 나쁘지 않으니 크게 될 인물임에 틀림없습니다."
아버지는 관상가의 말을 듣고는 우두가 자신보다 높은 관직에 올라 큰일을 할 것이라고 기대했지요.

115

왕이 '강수'라는 이름을 지어 주었어요

우두가 자라 글을 깨우치게 되자, 아버지는 우두에게 어떤 공부를 하고 싶은지 물었어요. 신라에는 불교가 유행했지만, 우두는 유학을 공부하고 싶었어요. 죽은 뒤 다시 태어났을 때의 삶을 배우는 불교보다 현재 삶의 이치를 배우는 유학에 관심이 많았거든요. 우두는 스승을 찾아가 유교 경전과 문학 서적을 읽고 배워 관리가 되었어요.

학문과 예술을 사랑한 사람들

태종 무열왕 때였어요. 당나라에서 외교 문서가 왔는데, 몇몇 어려운 글자 때문에 해석을 할 수 없었어요. 이때 우두가 명쾌하게 해석하고 설명해 주자, 왕이 기뻐하며 우두에게 말했어요.
"그대를 이렇게 늦게 만난 것이 안타깝구나. 그대는 머리가 우뚝 솟았으니, 강수 선생이라 부르겠네."
태종 무열왕은 강수에게 당나라에 보낼 답장을 짓도록 했는데, 글솜씨가 뛰어나 왕이 더욱 좋아했어요.

조강지처를 버리지 않았어요

강수가 스무 살 때였어요. 부모가 마을 아가씨들 가운데 강수에게 알맞은 배우자를 골라 장가를 보내려고 했어요. 하지만 강수는 예전부터 대장장이 집 딸과 좋아하는 사이여서 부모가 정해 준 아가씨와는 결혼할 수 없었어요. 그러자 아버지가 화를 내며 말했어요.

"너는 이제 이 나라에서 모르는 사람이 없다. 그런데 그런 미천한 사람을 배우자로 삼는다니, 이는 가문의 수치다!"

학문과 예술을 사랑한 사람들

아버지는 6두품 가문의 집안인 강수가 평민에게 장가드는 게 못마땅했어요. 하지만 강수는 아버지께 간곡히 말했어요.

"가난하고 신분이 낮은 것은 부끄러운 게 아닙니다. 도를 알면서도 행하지 않는 것이 부끄러운 일이지요. 옛말에 조강지처를 내쫓지 말며, 어려울 때 사귄 친구는 잊으면 안 된다고 했습니다. 제 아내 될 사람이 가난하고 신분이 낮더라도 저는 버리지 않겠습니다."

결국 강수는 자신의 소신대로 대장장이 집 딸과 결혼했답니다.

★**조강지처** 몹시 가난하고 힘들 때 함께 고생한 아내라는 뜻이에요.

아버지보다 높은 관직을 받았어요

강수는 태종 무열왕에 이어 문무왕 때도 나라를 위해 열심히 일했어요. 특히 당나라에 보내는 외교 문서를 잘 썼어요.

강수의 글솜씨는 일연이 지은 〈삼국유사〉에도 나와 있어요. 문무왕의 동생인 김인문이 당나라에서 옥살이를 할 때였어요. 문무왕의 명으로 강수가 김인문의 석방을 바라는 글을 써서 당나라에 보냈는데, 강수의 글을 읽은 당나라 황제가 감동하여 김인문을 풀어 주었다고 해요.

학문과 예술을 사랑한 사람들

이렇듯 강수는 그 능력을 인정받아, 태종 무열왕 때 1년에 조 100석을 받던 것이 문무왕 때는 조 200석으로 늘었어요. 게다가 사찬이라는 벼슬을 받아 마침내 아버지보다 높은 관직에 올랐지요. 신문왕 때 강수가 세상을 뜨자, 부인은 고향으로 돌아가려고 했어요. 신문왕이 강수가 이룬 일을 생각해 조 100석을 주며 부인을 붙잡았으나 부인은 자신의 신분에 맞지 않게 그동안 나라의 많은 은혜를 입었다며, 받지 않고 고향으로 돌아갔어요.

신문왕에게 화왕계를 전한 설총

신문왕에게 화왕계를 들려주었어요

설총은 강수, 최치원과 함께 신라를 대표하는 유학자예요. 설총의 아버지는 원효 대사이고, 어머니는 태종 무열왕의 딸인 요석 공주이지요. 설총은 어려서부터 똑똑했으며, 얼마 배우지 않았는데도 아는 것이 많았다고 해요. 역사책과 유학 경전을 읽고 해석하는 데 뛰어나, 한자로 된 책들을 쉽게 풀이해서 사람들에게 가르쳤어요.

학문과 예술을 사랑한 사람들

또한 설총은 글을 매우 잘 지어서 문장가로도 이름을 날렸으나, 아쉽게도 전해 오는 글은 없어요. 유일하게 전해져 오는 '화왕계'라는 이야기를 통해 설총의 글에 대해 조금이나마 알 수 있지요.

화왕계는 설총이 신문왕에게 들려준 이야기로, 왕이 조심해야 할 것에 대해 알려 주는 이야기예요. 꽃들의 왕을 뜻하는 화왕인 모란꽃을 임금에 비유하고, 다른 꽃들을 신하에 비유했지요.

123

장미와 할미꽃

어느 여름날, 설총은 신문왕에게 이야기를 시작했어요.
"옛날, 향기로운 정원에 화왕이 아름다운 모습을 자랑하고 있었습니다.
그 모습은 꽃들의 왕답게 뛰어났지요. 화왕을 보려고 많은 꽃이 찾아왔습니다.
그중에 붉은 얼굴에 예쁘게 화장을 하고 아름다운 옷으로 몸을 감싼 채
하늘거리는 꽃이 다가와 화왕에게 말했습니다.
'저는 향기로운 장미라고 합니다. 제가 임금님을 모셔도 되겠습니까?'

학문과 예술을 사랑한 사람들

그러자 이번에는 거친 삼베옷에 지팡이를 짚고 구부정한 걸음걸이를 한 꽃이 나와 화왕에게 말했습니다.

'저는 성 밖 큰 길가에서 아래로는 넓은 들판을 바라보며, 위로는 험한 산에 기대어 살고 있는 할미꽃이라고 합니다. 임금님 주변에는 맛있는 음식과 향기로운 술과 차가 많지만, 기운이 나게 할 좋은 약과 독을 없애 줄 약도 필요할 것입니다. 옛말에 명주실 같이 곱고 아름다운 실이 있다 해도 왕골처럼 거친 풀도 버려서는 안 된다고 했습니다. 즉, 군자는 어려울 때를 항상 대비해서 약과 같은 인재를 두어야 합니다. 화왕께서는 어떻게 생각하십니까?'

할미꽃의 가르침

장미와 할미꽃의 말을 들은 화왕은 잠시 생각하더니 말했습니다.

'할미꽃의 말도 맞지만, 난 아름다운 장미 또한 마음에 드는구나. 어떡하면 좋을지 고민이다.'

화왕은 할미꽃의 충성스러운 말보다 장미가 가진 아름다운 겉모습에 마음이 끌렸습니다. 그러자 할미꽃이 한발 더 나아가 화왕에게 말했습니다.

'저는 화왕께서 지혜롭다고 생각했는데, 이제 보니 아닙니다. 왕들은 대체로 간사하고 아첨하는 자를 가까이하고, 정직한 자를 멀리하더군요. 그래서 위대한 사람도 불우한 일생을 살았다지요.'
할미꽃의 가르침에 화왕은 자기의 잘못을 깨달았다고 합니다."
이야기를 마친 설총은 신문왕을 바라보았어요. 왕은 이야기에 깊은 뜻이 있다며 후대 임금들에게 교훈이 되도록 글로 남기게 했어요.

불교 사상을 널리 퍼트린 원효와 의상

신라의 불교는 통일 신라 때 크게 발전했어요. 그 당시 많은 승려가 불교 사상을 공부했는데, 그 가운데 원효와 의상이 불교를 백성들에게 널리 전파하면서 통일 신라를 대표하는 승려로 자리잡았지요.

원효는 신라 방방곡곡을 누비며 백성들을 만나, 나무아미타불이라고 외우기만 하면 누구나 죽어서 극락세계에 갈 수 있다며 불교를 전파했어요. 또한 〈금강삼매경〉을 쉽게 풀이한 〈금강삼매경론〉 등 여러 불교 서적을 쓰기도 했지요.

누구나 나무아미타불만 외우면 극락으로 갈 수 있습니다!

의상은 8년 동안 당나라에 유학을 가서 화엄 사상을 공부했어요. 그리고 문무왕 때인 671년에 당나라가 신라를 침략한다는 소식을 전하려고 서둘러 귀국했어요. 이후 경상북도 영주에 부석사를 짓고 화엄 사상을 널리 전했지요.
화엄 사상은 '모든 것은 하나로 통한다'라는 사상으로, 통일 직후 어수선한 신라 사회를 하나로 묶는 데 도움을 주었어요. 특히 화엄 사상에서 말하는 그 '하나'를 왕으로 여기며 왕권 강화에도 힘을 실어 주었어요.

신라 말의 천재, 최치원

당나라에 유학갔어요

나루터에서 아버지와 열두 살 소년이 손을 잡고 당나라로 가는 배를 기다리고 있었어요. 아버지는 굳은 표정으로 소년에게 말했어요.
"십 년 안에 과거에 못 붙으면 넌 내 아들이 아니다."
먼 길을 떠나는 아들은 아버지를 향해 고개를 끄덕였어요.
당나라에 간 소년은 스승의 가르침을 부지런히 익혀, 열여덟 살에 외국인을 위한 과거 시험인 빈공과에 단번에 합격했어요. 이 소년이 바로 최치원이에요.

학문과 예술을 사랑한 사람들

최치원은 6두품 신분으로 태어났어요. 엄격한 골품 제도가 있는 신라에서 6두품 출신이 할 수 있는 일은 많지 않았지요. 오를 수 있는 최고의 벼슬도 여섯 번째 관등인 아찬까지였고요. 그래서 최치원의 아버지는 아들이 좀 더 높은 꿈과 이상을 펼칠 수 있도록 대국인 당나라로 유학을 보냈던 거예요. 최치원과 마찬가지로 신라의 6두품들은 신라에서 출세하기가 어려워, 당나라에 가서 빈공과를 치르고 당나라의 관리가 되는 경우가 종종 있었어요.

글로 황소를 놀라게 했어요

과거에 합격한 최치원은 당나라에서 죄인을 다루는 관리부터 시작해 여러 가지 일을 했어요. 스물네 살 되던 해에 최치원은 당나라에서 글을 쓰는 서기 일을 맡으면서 많은 시와 문장을 썼어요. 훗날 그 가운데 좋은 것들만 뽑아 20권의 책으로 만들었는데, 이 책이 지금까지 전해져 오는 〈계원필경〉이에요.

한편, 최치원이 서기로 있던 시기에 당나라는 '황소의 난'으로 떠들썩했어요.

★**황소의 난** 소금 장수 황소가 나라를 세우고 반란을 일으킨 사건이에요.

학문과 예술을 사랑한 사람들

최치원은 당나라 관리의 입장에서 황소의 난을 진압하기 위한 글을 썼어요.
'격황소서'라는 글로, 황소를 혼내기 위해 쓴 글이에요. 그 글이 얼마나
훌륭했던지, 황소가 마지막 구절을 읽다 놀라서 침대에서 떨어졌어요.
격황소서의 마지막 구절은 다음과 같아요.
'천하의 모든 사람이 너를 죽이기로 했다. 그뿐 아니라 땅속 귀신들도 이미
너를 몰래 죽이기로 얘기가 끝났다.'

신라로 돌아왔지만 신분의 벽은 여전히 높았어요

시간이 흐르면서 신라를 위해 일하고 싶었던 최치원은 스물여덟 살에 신라로 돌아왔어요. 헌강왕에게 글을 가르치고, 왕의 글을 짓는 일을 맡으면서 왕실 도서관장까지 했어요. 하지만 헌강왕이 죽자 최치원을 시기하고 질투하는 귀족들 때문에 최치원은 당나라에서 배운 것들을 펼칠 수가 없었어요. 결국 최치원은 지방으로 밀려났지만 그의 애국심은 변하지 않았어요.

학문과 예술을 사랑한 사람들

진성 여왕이 다스리던 때에 신라는 지방 호족들의 세력이 커지고 세금이 걷히지 않는 등, 여러 문제로 서서히 무너지고 있었어요. 최치원은 나라의 문제를 해결할 정책을 담은 '시무 10여 조'를 왕에게 바쳤어요. 왕은 아주 좋아하며 최치원에게 6두품 최고 관등인 아찬을 주었어요. 하지만 적대적인 귀족들 때문에 최치원의 정책은 시행되기 어려웠어요. 게다가 궁예와 견훤 등 새로운 세력들의 반란으로 나라 안은 혼란스러웠지요. 결국 최치원은 관직을 버리고 남은 인생을 자유롭게 살기로 결심했어요.

꿈을 채 피우지 못한 비운의 천재

최치원은 신라보다 당나라에서 더 인정받았어요. 당나라의 여러 문인과 친구가 되었고, 당나라 황제로부터 정5품 이상의 관리에게 주는 붉은빛 주머니인 '자금어대'를 받기도 했어요. 그리고 〈신당서〉라는 중국의 역사책에는 당당히 그의 이름과 업적이 소개되어 있지요.
한때 고려를 세운 왕건의 능력을 알아본 최치원은 이런 편지를 보냈어요.
'계림은 누런 잎이요, 곡령은 푸른 소나무다.'
이것은 신라는 망해가고 새롭게 왕건이 뜨고 있다는 뜻이에요.

★**곡령** 왕건의 근거지인 개성의 송악을 말해요.

학문과 예술을 사랑한 사람들

최치원은 왕건과 함께하진 않았으나, 그의 제자 몇몇은 왕건이 고려를 세우는 데 함께했어요. 관직을 떠난 최치원은 합천 청량사, 지리산 쌍계사 등을 다니며 책을 베개 삼고 풍월을 읊었어요. 그리고 인생의 마지막에는 가족들과 함께 해인사에서 지내다 세상을 떠났지요.

오늘날 통일 신라의 천재로 평가받는 최치원은 신라의 신분 제도에서 자신의 꿈을 채 펼쳐 보지 못한 안타까운 삶을 살았답니다.

새로운 나라에서 일한 최승우와 최언위

후백제와 고려에서 일했어요

최치원, 최승우, 최언위, 이 세 사람을 신라 말기의 '3최'라고 해요. 이들은 경주 최씨이자 6두품으로, 당나라에서 과거에 합격한 유학자들이에요. 최언위는 최치원의 사촌 동생이기도 해요.

신라 말기에 많은 지식인이 고려를 세운 왕건과 함께했지만, 최승우는 견훤 밑으로 들어가 927년에 왕건에게 '대견훤기고려왕서'라는 격문을 지어 보냈어요.

학문과 예술을 사랑한 사람들

격문의 내용은 고려와 신라가 힘을 합쳐 후백제를 공격하는 것은 잘못이라면서, 중국 오월 왕의 조서에 따라 서로 화친하자는 내용이에요. 왕건은 이듬해 '대고려왕답견훤서'라는 반박하는 내용의 답서를 보냈어요. 이 글은 최언위가 썼을 것으로 추측하고 있어요.
최언위는 열여덟 살 때 당나라에 들어가 과거에 붙은 다음, 마흔두 살 때 신라로 돌아와 왕실의 책을 담당하는 관리가 되었어요. 그러다 왕건이 고려를 세웠을 땐 왕건의 신하 겸 태자의 스승으로 있으면서 주로 왕건의 조서와 외교 문서를 썼어요.

★**조서** 임금의 명령을 적은 글이에요.

139

많은 책을 지은 김대문

통일 신라의 학자이자 저자였어요

김대문은 통일 신라 진골 출신의 학자로, 많은 책을 썼어요. 기록에는 '귀한 가문의 자제'라고 했으니, 아마 신분이 상당히 높은 가문에서 태어났을 거예요. 그리고 성덕왕 때인 704년에는 한산주★ 도독을 지내기도 했어요. 김대문이 지은 책으로는 〈고승전〉, 〈화랑세기〉, 〈악본〉, 〈한산기〉, 〈계림잡전〉 등이 있어요. 아쉽게도 지금은 전해지지 않아요.

★**한산주** 경기도 광주를 중심으로 황해도, 경기도 등 옛 백제 지역에 설치한 신라의 지방 행정 구역이에요.

학문과 예술을 사랑한 사람들

〈삼국사기〉에 김대문에 대한 기록은 많지 않지만, 김대문이 쓴 글이나 책의 내용은 많이 인용되었어요.

신라 법흥왕 때 이차돈이 순교한 이야기는 김대문이 쓴 〈계림잡전〉에서 빌려 온 거예요. 그리고 왕을 뜻하는 '차차웅', '이사금', '마립간'이라는 말의 뜻은 김대문이 해설한 내용을 기록한 것이지요. 신라의 '화랑'에 대한 설명 또한 김대문의 〈화랑세기〉에서 빌려 온 것이에요.

이렇듯 〈삼국사기〉에는 김대문 개인에 관한 내용보다 김대문이 쓴 책에 나온 글이 여러 곳에 기록되어 있어요.

방아 타령의 백결 선생

거문고로 방아 찧는 소리를 연주했어요

신라 제20대 임금인 자비왕 때, 거문고 연주가 뛰어나기로 유명한 사람이 있었어요. 집이 아주 가난해 옷을 백 번이나 기워 입었는데, 마을 사람들은 백 번 기운 옷을 입고 다닌다고 해서 이 사람을 백결 선생이라고 불렀어요. 백결 선생은 중국 춘추 시대 때의 거문고 달인 영계기를 마음속으로 따르며, 거문고를 가지고 인생의 기쁨과 노여움, 슬픔과 원통함 등을 표현했어요.

학문과 예술을 사랑한 사람들

한 해의 마지막 달이 되면, 이웃에서는 곡식을 찧어 다음 해를 맞이하는데, 백결 선생의 집에는 아무것도 없어 부인이 옆에서 한숨만 쉬었어요. 이를 본 백결 선생이 거문고를 집어 들며 말했어요.

"죽고 사는 것은 우리 수명에 달린 일이요, 잘살고 못사는 것은 하늘의 뜻에 달려 있소. 이는 우리 힘으로 어쩔 수 없으니 마음 아파하지 마시오."

그러고는 부인을 위해 절구에 방아로 곡식을 찧는 듯한 연주를 들려주었어요. 이 곡을 '방아 타령'이라고 해요.

신의 글씨, 김생

신의 경지에 든 글씨

김생은 711년, 신라 성덕왕 때 태어났어요. 집안 내력은 알 수 없지만 김생은 어려서부터 글씨를 매우 잘 썼어요. 평생을 글씨 쓰는 것에만 몰두했는데, 팔십이 넘은 나이에도 왕성하게 글씨를 썼지요. 특히 예서★, 행서★, 초서★는 신의 경지에 이를 정도였어요.

★**예서** 누구나 쉽게 이해할 수 있을 정도로 깔끔한 서체예요.
★**행서** 반듯한 글자에서 글자 획을 약간씩 흘려서 쓰는 서체예요.
★**초서** 글자 획을 가장 흘려서 쓰는 서체예요.

나의 인생은 서예로 시작해서 서예로 끝났다.

학문과 예술을 사랑한 사람들

고려의 학자들은 김생이 직접 쓴 글씨를 보물로 여겼어요. 한번은 고려 학사 홍관이 송나라에 사신으로 갔다가 숙소에서 송나라 관리들에게 김생의 글씨를 보여 주었어요. 그러자 송나라 신하들은 깜짝 놀라며 말했어요.
"이건 왕희지★의 글씨인데……."
홍관은 신라 사람 김생이 쓴 글씨라고 말했지만 아무리 얘기해도 송나라 신하들은 홍관의 말을 믿지 않았어요.

★왕희지 4세기경 중국 동진 사람으로, 초서와 예서를 잘 썼으며 서예가로는 최고의 수준에 올랐다고 해요.

새들도 착각할 그림을 그린 솔거

새들이 진짜 소나무로 착각했어요

솔거는 통일 신라의 천재 화가였어요. 언제, 어디에서 태어났는지 기록은 없지만, 솔거는 신라의 크고 작은 여러 절에 벽화를 그렸어요.
솔거의 그림 가운데 가장 유명한 것은 경주 황룡사 벽에 그린 '노송화'예요. 솔거의 그림이 얼마나 생생했던지, 비늘처럼 주름진 늙은 소나무 줄기와 한데 엉클어진 가지와 잎을 보고, 까마귀, 솔개, 참새가 날아와서는 부딪쳐 떨어질 정도였어요.

학문과 예술을 사랑한 사람들

이후 세월이 지나 색이 바래지자 황룡사의 한 스님이 여러 고운 색으로 덧칠했는데, 그때부터 새들이 날아들지 않았다고 해요.

솔거는 이 밖에 경주 분황사의 관음보살, 진주 단속사의 유마상이라는 그림을 그렸는데, 얼마나 잘 그렸는지 사람들이 '신이 그린 그림'이라고 했어요. 그런데 아쉽게도 솔거의 그림은 지금까지 하나도 전해지지 않아요.

일본에 삼국의 문화를 전한 사람들

삼국 시대에는 많은 학자와 승려, 기술자들이 일본에 가서 삼국의 문화를 전해 주었어요.
백제에서는 근초고왕 때 왕인이 일본으로 건너가, 논어와 천자문 등을 널리 전했어요. 성왕 때에는 귀족 노리사치계가 왕의 명으로 석가모니금동상과 불경 등을 일본에 갖고 가, 처음으로 불교를 전했어요.

일본에 건너간 백제인
노리사치계 불상, 불경
왕인 논어, 천자문

삼국사기 놀이터

신라에는 뛰어난 문장가, 음악과 서예를 사랑한 예술가, 교훈적인 이야기를 남긴 학자가 있어요. 그들이 하는 말을 보면서 각자 누구인지 이름을 쓰고, 각 인물과 어울리는 물건을 찾아 선으로 연결해 보세요.

난 황소를 혼내 주기 위한 글을 썼어.

추위와 배고픔을 음악으로 달랬던 곡이 '방아타령'이야.

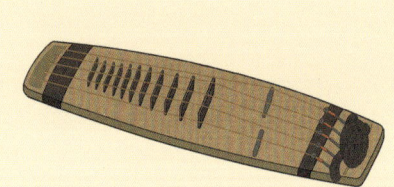

삼국 시대에는 가뭄이나 홍수 등 천재지변이 일어나면 백성들의 생활이 무척 힘들어졌어요. 특히 가난한 집에서는 매 끼니를 준비하는 것도 어려웠지요.
하지만 그런 상황에서도 부모에 대한 효도와 부부 간의 굳은 사랑으로 많은 이에게 감동을 주는 사람들이 있었어요.
어머니를 위해 종살이를 했던 효녀 지은의 이야기부터 왕의 협박에도 굴하지 않았던 도미 부부의 이야기까지, 항상 누군가를 위했던 사람들의 이야기를 들여다보아요.

부모에 효도하고, 서로 사랑한 부부 이야기

온몸을 바쳐 부모를 봉양한 향덕

어머니의 종기를 입으로 빼냈어요

신라 제35대 임금 경덕왕 때, 충남 공주에 향덕이라는 젊은이가 살고 있었어요. 가난했지만 착하고 친절해서 마을 사람들의 칭찬이 자자했어요. 부모를 향한 효성도 지극했지요.

755년 봄이었어요. 지난해 가을부터 이어진 가뭄과 연이은 메뚜기 떼로 인한 피해 때문에 많은 백성이 굶주린 데다가 전염병까지 돌았어요.

부모에 효도하고, 서로 사랑한 부부 이야기

향덕의 집도 다른 집과 마찬가지로 먹을 것이 없었고, 어머니마저 종기가 나서 죽을 지경이었어요. 향덕은 어머니의 종기를 입으로 빨아내며 밤낮으로 어머니를 보살폈고, 먹을 만한 것을 찾으려고 이리저리 헤맸어요. 하지만 모두가 어려운 형편이라 음식을 구하는 것이 쉽지 않았지요.
'아, 오늘도 먹을 것을 못 구했네. 부모님께 무엇을 드리지?'
향덕은 고민에 빠졌어요. 그러다 큰 결심을 했어요.

넓적다리 살로 봉양했어요

다음 날 새벽, 부모가 잠들어 있을 때 향덕은 일어나 부엌으로 갔어요.
그리고 칼로 자기의 넓적다리 살을 베어 음식을 만들고 밥상에 올렸어요.
집 안에 먹을 게 아무것도 없어서 자신의 넓적다리 살이라도 드려야겠다고
생각한 거예요.
자신의 몸을 희생한 아들 덕분에 다행히 어머니의 병도 많이 나아졌고,
향덕의 가족은 어려운 형편을 잘 견뎌 냈어요.

부모에 효도하고, 서로 사랑한 부부 이야기

효자 향덕의 이야기는 마을 관청까지 소문이 퍼졌고, 마침내 경덕왕의 귀에 들어갔어요. 경덕왕은 사람들에게 모범이 되는 향덕에게 조 300섬과 집, 농사를 지을 밭까지 주었어요. 또 신하에게 명해 향덕의 효행에 대한 기록을 비석에 새겨 세우도록 했어요. 후에 사람들은 향덕이 살던 지역을 효도하는 집이 있는 마을이라는 뜻의 '효가리'라고 불렀어요.

살을 베어 어머니께 드린 성각

못 먹는 어머니를 위해 살을 베었어요

신라 제37대 임금인 선덕왕 때, 경남 진주에 성각이라는 사람이 살았어요. 성각은 세상의 벼슬이나 명예에는 관심이 없어 경북 성주에 있는 법정사에서 조용히 생활했어요. 그러다가 어머니가 나이 들어 혼자 있게 되자, 집으로 돌아가 어머니를 봉양했어요. 늙고 병든 어머니는 음식도 잘 먹지 못했지요.

부모에 효도하고, 서로 사랑한 부부 이야기

성각은 어머니가 걱정되었어요. 고민 끝에 성각은 자신의 넓적다리 살을 베었어요. 그러고는 베어 낸 살로 어머니가 잘 드시도록 음식을 만들었어요. 어머니가 돌아가신 다음에는 정성을 다해 불공도 드렸지요.

성각에 대한 소문이 퍼지자 각간 김경신과 이찬 김주원이 성각의 효행을 선덕왕에게 아뢰었어요. 그러자 선덕왕은 조 300섬을 상으로 주었어요.

김부식은 향덕과 성각 같이 자신을 희생해 부모를 봉양한 정성스러운 마음을 칭찬하면서, 열전에 기록했어요.

어머니를 위해 종이 된 효녀, 지은

부잣집에서 종살이를 했어요

신라 제50대 임금인 정강왕 때, 경주 분황사 동쪽에 있는 한기부의 한 마을에 연권이라는 사람이 살고 있었어요. 그에게는 딸 지은이 있었는데, 지은은 효심이 지극했어요.

연권이 일찍 세상을 뜨자, 지은은 홀로 남은 어머니를 위해 시집도 가지 않고 아침저녁으로 어머니를 정성껏 보살폈어요. 매일매일 먹을 것을 구하기 위해 남의 집에서 품을 팔거나 때로는 구걸도 했어요.

★**품을 팔다** 남의 집에서 돈이나 쌀을 받고 일하는 것을 말해요.

하지만 집이 워낙 가난했기 때문에 지은이 혼자서 아무리 애를 써도
어머니를 제대로 봉양하기가 힘들었어요. 지은은 어떻게 해야 어머니를
편하게 모실 수 있을까 늘 고민했어요.
그러던 어느 날, 지은은 부잣집에서 종을 구한다는 소식을 들었어요.
'부잣집 종이 되면 어머니께 맛있는 음식을 드릴 수 있을 거야.'
이렇게 생각한 지은은 쌀 10여 가마니를 받고 부잣집 종이
되었어요. 지은은 낮에는 부잣집에서 일하고
저녁에는 집으로 돌아와 어머니를
돌보았어요.

지은아,
어디 가는 거니?
이 쌀은 다 뭐니?

여러 사람이 지은을 도왔어요

며칠째 맛있는 음식이 계속되자 어머니는 이상한 생각이 들어 지은에게 물었어요.

"요즘은 음식이 좋기는 하다만 왜인지 슬퍼지는구나. 어째서이냐?"

지은은 쌀을 받고 부잣집 종살이를 하게 되었다고 솔직하게 말했어요.

그러자 어머니는 목 놓아 크게 울며 말했어요.

"나 때문이구나. 내가 빨리 죽었으면 네가 종이 될 일도 없었을 텐데……."

지은도 어머니를 따라 엉엉 울어, 길 가는 사람들도 슬퍼했어요.

부모에 효도하고, 서로 사랑한 부부 이야기

어느 날 효종랑이라는 화랑이 이 사연을 듣게 되었어요. 효종랑은 지은을 안타까워하며 곡식 100섬과 많은 옷을 지은의 집으로 보냈어요. 지은을 종으로 산 부잣집에 몸값을 대신 갚고, 지은을 다시 평민으로 만들어 주기도 했지요. 그뿐 아니라 낭도 수천 명은 1인당 곡식 한 섬씩을 보냈어요. 한편, 정강왕도 지은에게 조 500섬과 집을 한 채 주었고, 부역도 면제해 주었어요. 그리고 많은 쌀을 노리는 도둑이 들까 봐, 병사들을 보내 지은의 집을 지키도록 했어요. 정강왕은 지은이 살던 마을도 칭찬하며 그곳을 효심으로 정성스레 부모를 모시던 마을이라는 뜻의 '효양방'이라고 불렀어요.

★**부역** 백성이 해야 하는 나랏일을 말해요.

삼국사기 배움터

아이를 땅에 묻으려 한 손순

<삼국유사>에도 효자에 관한 이야기가 있어요. 어머니를 위한 효심으로 자신의 아이를 희생하려 했던 손순의 이야기이지요.

신라 제42대 임금인 흥덕왕 때, 손순이라는 사람이 살고 있었어요. 손순의 가족은 늙은 어머니와 아내, 어린 자식까지 네 명이었어요. 손순은 남의 집에서 품을 팔아 늙은 어머니를 봉양했어요. 그런데 아이가 종종 배가 고파서 어머니의 음식을 빼앗아 먹곤 했지요. 그러자 손순은 괴로워하며 아내에게 말했어요.
"아이는 또 얻을 수 있으나 어머니는 한 분뿐이니, 아이를 땅에 묻고 넉넉한 음식으로 어머니를 잘 모시도록 합시다."

아내 역시 마음이 괴로웠으나 손순의 뜻에 따랐어요. 손순은 아이를 등에 업고 아내와 함께 산에 올랐어요. 적당한 자리를 찾아 땅을 팠는데 땅에서 돌로 만든 종이 나왔어요. 신기한 마음에 손순이 돌종을 나무에 매달아 치자, 은은하고 맑은 소리가 멀리 퍼져 나갔어요. 종소리를 들은 손순은 아이를 살리라는 뜻으로 여겨, 돌종과 함께 아이를 데리고 집으로 돌아왔어요.

손순은 돌종을 집의 들보에 매달아 쳤어요. 그러자 그 소리가 궁궐까지 퍼졌고, 흥덕왕이 손순의 이야기를 알게 되었어요. 흥덕왕은 손순의 효심을 높이 사, 집 한 채를 주고 매년 벼 50가마니를 주었어요.

옛날이나 지금이나 변함없는 것은 부모님에게 효도하는 마음이에요. 하지만 '어떻게 효도를 하느냐'라는 방법은 다를 수 있어요. 손순의 이야기를 통해 어떻게 다른지 한번 생각해 보는 시간을 가져 보세요.

믿고 기다린 사랑, 설씨 아가씨

가실이 고민을 해결해 주었어요

신라 제26대 임금인 진평왕 때 경주 율리라는 마을에 설씨 아가씨가 살고 있었어요. 집안은 가난했지만 행실이 바르고 아주 아름다워서, 설씨 아가씨를 한 번이라도 본 총각들은 그녀의 모습에 반해 가까이 다가가지 못할 정도였어요. 경주 사량부에 살던 가실이라는 젊은이 역시 설씨 아가씨를 좋아했지만, 가까이하지 못한 채 바라보고만 있었지요.

부모에 효도하고, 서로 사랑한 부부 이야기

설씨 아가씨에게는 나이 많은 아버지가 있었어요. 그런데 아버지가 외적을 막으러 멀리 변방에 나가야 할 날이 다가오자, 설씨 아가씨는 늙은 아버지를 차마 멀리 보낼 수 없어 밤낮으로 고민하며 괴로워했어요.
그러던 어느 날, 이 소식을 들은 가실이 한걸음에 설씨 아가씨를 찾아와 다짐하며 말했어요.
"제가 아가씨 아버지를 대신해 군역★을 치르겠습니다."

★**군역** 삼국 시대 때 16세에서 60세 사이의 평민 남자가 국가를 위해 군대에 가는 것을 말해요.

반쪽 거울을 신표로 삼아 결혼을 약속했어요

설씨 아가씨와 아버지는 기뻐하며 가실에게 고마움을 전했어요. 아버지는 가실에게 말했어요.

"자네가 나를 대신해 군역을 치르겠다니, 기쁘고도 미안한 마음이네. 보답으로 내 딸을 자네 아내로 삼고 싶은데, 자네 생각은 어떤가?"

가실은 기쁜 마음에 절을 하며 말했어요.

"감히 말씀 못 드렸는데, 사실 저의 소원이었습니다."

부모에 효도하고, 서로 사랑한 부부 이야기

가실은 설씨 아가씨와 결혼한다는 사실에 하늘로 날아오를 것만 같았어요. 군역에 가기 전에 서둘러 결혼하고 싶었지요. 그런데 설씨 아가씨는 서두를 것 없으니, 군역을 마치고 돌아오면 결혼하자고 했어요. 그러면서 청동 거울을 반으로 나누어 신표로 삼았지요.

떠나기 전, 가실은 설씨 아가씨에게 말 한 필을 전하며 말했어요.

"제가 기르는 말입니다. 제가 떠나면 기를 사람이 없는데, 아가씨가 이 말을 두고 쓰십시오."

★**신표** 나중에 증거가 되도록 서로 주고받는 물건이에요.

다른 사람과 결혼하라는 아버지

가실이 떠난 지 6년이 훌쩍 지났어요. 원래 3년이 지나면 돌아와야 하는데, 전쟁이 길어지면서 다른 사람과 교대하는 것이 어려워졌던 거예요.

설씨 아가씨는 가실이 무사히 돌아오기만을 기다렸지만, 아버지는 가실을 마냥 기다릴 수 없었어요.

"가실이 약속했던 3년이 이미 지났구나. 전쟁 통에 어찌 되었는지도 모르고 이만하면 넌 약속을 지킨 셈이니, 더 나이 들기 전에 시집가거라."

부모에 효도하고, 서로 사랑한 부부 이야기

아버지는 설씨 아가씨에게 다른 사람과 결혼하는 것이 좋겠다고 말했어요.
그러자 설씨 아가씨는 아버지의 말을 거절하며 말했어요.
"가실이 아버지를 위해 죽음을 무릅쓰고 군역을 간다고 했을 때, 전 가실과
결혼하기로 굳게 약속했습니다. 가실은 제 말을 믿고 전쟁터에서 추위와
굶주림에 고생하고 있겠지요. 또 적이 언제 쳐들어올지 몰라, 항상 무기를
손에서 놓지 않고 죽는 것을 걱정하고 있을 거예요. 지금 가실이 그러고
있는데, 약속을 저버리라고 한다면 이는 사람이 할 도리가 아닙니다."

반쪽 거울을 던졌어요

결국 아버지는 설씨 아가씨를 결혼시키기로 작정했어요. 이미 아버지는 딸이 점점 나이가 들어 혼기를 놓칠까 봐 걱정이 이만저만이 아니었지요. 아버지는 설씨 아가씨 몰래 마을 총각과 결혼 날짜까지 받아 두었어요. 마침내 마을 총각이 설씨 아가씨의 집에 결혼하러 왔어요. 설씨 아가씨는 결혼하기 싫다며 집 밖으로 도망치려고 했으나 사람들에게 붙잡히고 말았어요. 설씨 아가씨는 마구간으로 가, 가실이 남기고 간 말을 보며 엉엉 울었어요.

부모에 효도하고, 서로 사랑한 부부 이야기

다음 날, 마당엔 결혼식 준비가 한창이었어요. 이때 웬 거지 같은 모습을 한 젊은이가 집 안으로 들어섰어요. 사람들이 거지를 집 밖으로 쫓아내려고 하자, 거지는 품에서 물건 하나를 꺼내 고개를 푹 숙이고 있는 설씨 아가씨 앞으로 던졌어요. 반쪽 거울이었어요.

바닥에 떨어진 거울을 보고 그제야 얼굴을 든 설씨 아가씨는 거지에게 달려가 손을 꼭 잡았어요. 그토록 기다리던 가실이었어요. 두 사람은 서로를 바라보며 펑펑 울었어요. 마침내 가실은 설씨 아가씨와 결혼해 오래오래 행복하게 살았답니다.

왕의 협박을 이긴 도미 부부의 사랑

개루왕과 도미

도미는 백제의 평민이에요. 매일매일 열심히 일하고 아내와 사이좋게 지내며 행복하게 살았어요. 도미의 아내는 매우 아름답고 행동거지가 올바른 데다 이웃과도 잘 지내 주위에서 칭찬이 자자했어요. 도미의 아내가 아름답다고 온 나라에 소문이 나자, 개루왕은 도미의 아내가 궁금했어요. 그래서 도미를 궁궐로 불러 말했어요.

부모에 효도하고, 서로 사랑한 부부 이야기

"남편이 있는 여자가 아무리 지조가 있고 행실이 바르더라도, 달콤한 말로 꾀면 마음이 움직일 수밖에 없을 것이다."
그러자 도미가 말했어요.
"제 아내는 죽는 한이 있어도 마음이 변하지 않을 것입니다."
개루왕은 도미 부부를 시험해 보기로 했어요. 우선 도미를 궁궐에 머물게 한 다음, 가까운 신하에게 왕의 옷을 입혀 도미의 집으로 보냈지요.

개루왕이 도미의 아내를 시험했어요

개루왕은 도미의 아내에게 밤에 왕이 들를 것이라고 전했어요. 그리고 왕의 옷을 입은 신하가 으슥한 밤에 마차를 타고 도미의 집으로 향했지요. 신하가 도미의 집에 도착하자, 도미의 아내가 집 밖으로 나와 신하를 맞았어요. 신하는 개루왕인 척하며 도미의 아내에게 말했어요.
"네가 예쁘다는 소문이 나라 안에 자자하더구나. 내가 네 남편 도미와 내기에서 이겨 너를 후궁으로 삼겠다고 했다. 그러니 나를 따르거라."

부모에 효도하고, 서로 사랑한 부부 이야기

갑작스러운 상황에 도미의 아내는 무슨 일인지 정신이 없었지만, 뒤로 한 걸음 물러나서는 곧 정신을 차리고 말했어요.
"한 나라의 왕께서 거짓말을 하진 않으실 테니, 제가 어찌 따르지 않겠습니까? 잠시 치장할 시간을 주십시오."
도미의 아내는 급히 여종을 불러 자초지종을 이야기한 다음, 예쁘게 치장해 주고 자기를 대신해서 보냈어요.

★**자초지종** 처음부터 끝까지의 상황을 말해요.

도미는 눈이 멀고 아내는 후궁이 되었어요

다행히 도미의 아내는 위기에서 벗어났지만 왕을 속인 사실은 얼마 후 개루왕에게 알려졌어요. 자신을 속였다는 사실에 개루왕은 화가 머리끝까지 나, 곧바로 도미를 불러 화풀이했어요.

"네 아내가 나를 속였다. 그 대가로 네 눈을 멀게 한 다음 널 내쫓겠다. 그래도 네 아내가 정조를 지키는지 어디 한번 보자."

개루왕은 도미의 눈을 멀게 하고, 작은 배에 태워 강물에 띄워 보냈어요.

부모에 효도하고, 서로 사랑한 부부 이야기

궁궐에 불려 간 남편을 기다리며 도미의 아내는 마음이 불안했어요. 아니나 다를까, 궁궐에서 온 사람이 남편의 소식을 알리자 심장이 '쿵' 내려앉았지요. 개루왕은 이번엔 도미의 아내를 궁궐로 불러들여 후궁으로 삼겠다고 했어요. 그러자 도미의 아내가 말했어요.

"이미 남편을 잃었는데 제가 어디로 가겠습니까? 향기롭게 치장한 다음 왕을 맞이하겠습니다."

다시 만난 두 사람

도미의 아내는 치장을 핑계로 개루왕을 속이고 궁궐을 빠져나왔어요. 그러고는 도미를 배에 띄워 보냈다는 그 강으로 달려가 강을 건너려는데, 강에는 조각배 하나 없었어요. 모든 사실을 알게 된 개루왕은 군사들을 보내 그녀를 뒤쫓게 했어요. 도미의 아내는 군사들이 오는 소리가 들리자, 도미의 이름을 부르며 대성통곡했어요. 그 순간 멀리서 작은 배가 흘러들어 왔어요. 도미의 아내는 서둘러 배에 올라탔지요.

부모에 효도하고, 서로 사랑한 부부 이야기

배는 물결을 따라 흐르고 흘러 천성도라는 섬에 도착했어요. 그곳에서 도미의 아내는 지저분한 모습의 도미를 발견했어요. 아내는 도미에게 뛰어가 부둥켜안고 울며 하늘에 감사했어요. 눈은 멀었지만 남편이 아직 살아 있다는 것만으로도 다행이라고 생각했지요.
둘은 섬에서 풀뿌리를 캐 먹고 살다가 마침 고구려로 가는 배를 얻어 타 고구려에서 개루왕의 간섭 없이 살았어요.

삼국사기 놀이터

설씨 아가씨와 도미 부부의 이야기는 부부 사이의 굳은 사랑과 신뢰를 보여 줘요. 이들의 이야기를 나열한 그림을 보고, 순서대로 번호를 써 보세요. 그리고 빈칸에 자신만의 이야기를 만들어 적어 보세요.

1. 설씨 아가씨와 가실의 그림을 보며 순서대로 번호를 쓴 다음, 재미있게 이야기를 만들어 보세요.

182

2. 도미 부부의 그림을 보며 순서대로 번호를 쓴 다음,
   재미있게 이야기를 만들어 보세요.

 ## 정답

▼ 54~55쪽

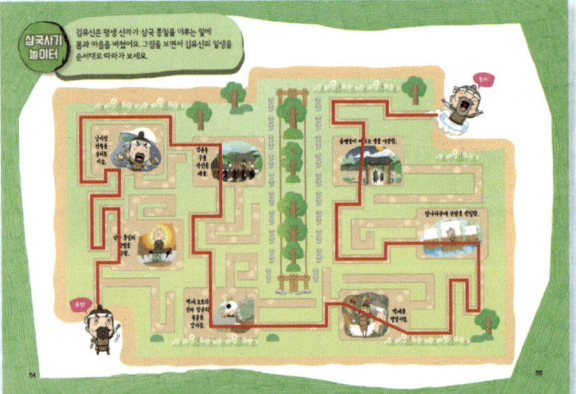

▼ 110~111쪽

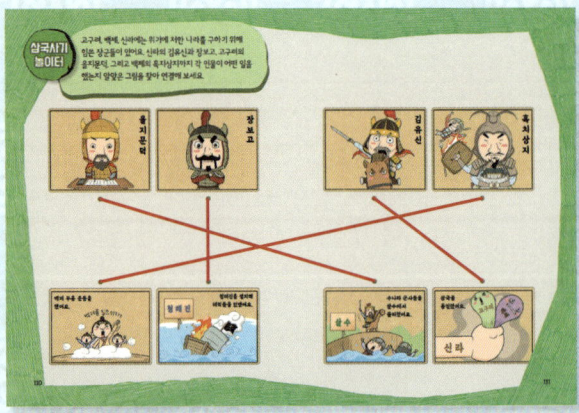

▼ 150~151쪽

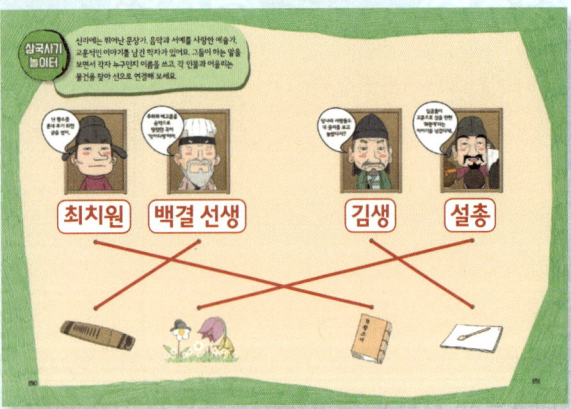

▼ 182~183쪽

〈그림으로 보는 삼국사기〉 시리즈는 전 5권입니다.

1권 고구려 본기
2권 백제와 신라 본기
3권 신라 본기와 후삼국
4권 삼국을 빛낸 인물 열전
5권 열전과 잡지

〈그림으로 보는 삼국지〉와 함께 읽어요!

이사부
출생~사망 ?~?

난 신라 내물왕의 4대손이야. 우산국을 정벌하라는 왕의 명령을 받아, 나무로 만든 사자를 이용해 큰 전쟁 없이 그곳을 점령했지. 우산국이 지금은 울릉도와 독도로 불리더군.

을지문덕
출생~사망 ?~?

난 고구려의 장군이야. 당시에는 수나라와 틈만 나면 전쟁을 치렀는데 나는 글도 잘 써서, 시 하나로 적군이 물러나게 한 적도 있지. 지략으로 수나라 30만 대군을 무찔렀던 '살수 대첩'이 유명해!

최치원
출생~사망 857~?

난 어릴 때 당나라에서 유학을 공부하고 관리로 일하다가 신라로 돌아왔어. 왕에게 '시무 10여 조'를 올리며 나라의 문제점을 해결할 정책을 건의했지만, 귀족들의 반대로 뜻을 이루지는 못했지.

설총
출생~사망 655~?

내 아버지는 원효 대사이고, 어머니는 요석 공주야. 난 태생이 똑똑해서 신라를 대표하는 유학자가 되었어. 문장가로도 유명했는데, 신문왕에게 들려준 '화왕계'라는 이야기가 특히 유명해.

김유신

출생~사망 595~673

'신라의 명장' 하면 나를 제일 먼저 떠올릴 거야. 서른다섯 살에야 첫 전투를 나갔지만, 거침없이 적을 물리쳐 승리했지. 이후 많은 전투에서 활약하며 신라가 삼국을 통일하는 데 가장 큰 역할을 했어.

강수

출생~사망 ?~?

난 머리가 우뚝 솟은 특별한 외모를 가지고 태어났어. 어느 관상가의 말로는 큰일을 할 관상이래. 그의 말처럼 난 유학자이자 문장가로 활동하며 왕의 총애를 받아, 사찬이라는 관직에 올랐어.